青木悦子の新じわもん王國

金澤料理

はじめに

城下町金澤、その代表的な景観の一つに武家屋敷と用水の流れがあります。昭和三十二年、この恵まれた土地に私どもの青木クッキングスクールが誕生しました。

室生犀星の愛した杏の花が咲き、「地ぞはやに輝け」の詩の一節にあるように、まさに長い冬の終わりを待望する思いにぴったりの金澤の春。用水に紫陽花が影を落とし、やがてあの独特の艶をもつ黒瓦に太陽が照りつける金澤の夏。金木犀が路地のあたりから匂い始め、遠からず時雨が町々をひっそりと濡らして通り過ぎる金澤の秋。「雪道とたら汁はあとほどいい」という言葉が実感としてそのまま受け止められる金澤の冬。

こんなに四季の移り変わりが人々の心を優しく包んでくれるのは、そこに金澤独自の「じわもん」と呼ぶ家庭の料理があるからと、私はいつも思っています。なんというあったかい表現でしょうか。

「じわもん」という呼び方をいつ、だれが言い始めたかはわかっていませんが、「常飯もの」あるいは「地場もん」という呼び方が変化して、今日に「じわもん」と伝えられてきたのではないかと考えられているようです。その意味は、土地でとれた産物で気軽につくる家庭のおかずということでしょう。ところが、こんにちでは、それが一番忘れられがちな「味」といえます。

うれしいことに、ここ金澤にはすぐれた食材が四季折々にとれます。そのうえ、白山山系から流れてくるおいしい水があります。それらを元に金澤の家庭では「じわもん」料理が作られたのです。

私は、自ら興したクッキングスクールが創立五十周年を迎えることができた喜びを、どんなふうに表すべきかを考え、金澤にしかない「じわもん」料理を今こそきちんと残していこうと決めました。

「人は歳と共に里に帰る」と言われます。ですから、料理でも、一番根っ子にある伝統的な「じわもん」料理を正しく伝えるべきだと思うのです。そのうえで同じ食材を使いつつも世代の広まりや嗜好の多様化に合った新しい「じわもん」料理も作ってみました。

昭和五十七年に『金沢・加賀・能登　四季の郷土料理』を主婦の友社から出版させていただきましたが、今回は特に金澤の「じわもん」を中心としました。私が暮らす土地の文化をまず大切にしたいと思うからです。今こそ年輩の方々からお話をうかがい、それを若い方にきちんと伝えていきたい、その一念でこの本ができあがりました。

これまでの歩みの中でいただいた皆様のご教示やご指導にあらためてお礼を申し上げます。

また、出版にあたって北國新聞社のご協力を得たことにも感謝申し上げる次第です。

平成十九年十月吉日

青木悦子

目次

野山の恵みを味わう

体に優しい加賀野菜薬膳

四季の魚料理

つくってみたい金澤料理

じわもん料理の心

祈りながらつくる かぶらずし

金澤の冬の「食」の中での王者はなんといってもかぶらずし。日本海の寒流にのってやってきた脂のしっかりのった鰤、豊かな加賀平野の土の中で育ったかぶら、職人たちが吟味して作った糀などが、それぞれの家の造り手によって、やがて「かぶらずし」という名優になって登場してくるのです。

しかし、すぐれた腕前でもどうにもならないのが漬け込んでからの天候、その気温が名優を生めるかどうかの決め手となるのです。ですから、この漬け込みの期間、両手を合わせて祈りたい毎日となるのです。天地人の三体によってできあがるかぶらずし。「手間暇かける」という字句が、どんなに大切かを、北陸の人たちは冬、全身で感ずるのです。

藩政期から続く贈答品

かぶらずし

■**材料**（20〜25切れ分）

A 鰤（またはがんど）1〜1・5kg（かぶら1切れに骨付きで40〜60g）、天然塩、重石 B かぶら（特大）10〜13個、天然塩（かぶらの2・5%）、重石、人参（中）1/2本、柚子皮 赤唐辛子1〜2本 C 糀1枚（1枚30gぐらい）、米2カップ（少し柔らかめに炊く）、熱湯2カップ

■**作り方**

❶＜鰤の塩漬け＞
鰤はようかんのように切り容器に入れて鰤が見えなくなるくらいの強塩をし、重石をして40日位おきます。

❷＜かぶらの塩漬け＞
かぶらの天地を切り落とし2枚の輪切りにし、切り離さないで切り目を入れ、樽底に塩を振りかぶらを並べ、また塩を振りかぶらを繰り返し並べる。重石をして1週間位塩漬けします。
※かぶらの葉は塩もみし、塩漬けにしておきます。

❸＜甘酒の作り方＞
糀にごはん、熱湯を合わせて混ぜ、簡単な保温（50℃前後）をして一晩おきます。

❹＜本漬け＞
(a)かぶらは充分に水気を切り、水気をふき取っておきます。
(b)人参は花形に切って塩もみし、赤唐辛子は種を除き小口切り、柚子は千切りにしておきます。
(c)鰤は水洗いし、かぶらに合わせてそぎ切りにします。
(d)かぶらの間に鰤を挟み、大さじ山盛り2杯の糀（甘酒）をのせ、隙間のないように並べ、人参、赤唐辛子、柚子皮を散らします。これを繰り返し一番上に塩抜きしたかぶらの葉をのせ、落し蓋をして重石をします（7〜10日程で漬け上がります。気温の高い時は2〜3日も早く酸味が出るので冷暗所で漬け込みます）。

じわもん料理の心

武家の料理を今に伝える

じぶ煮は藩政期から金澤に伝わる武家料理の代表です。起源や名前の由来について諸説あり、当時の文献にある「鍬焼き」という今のすき焼きに似た料理が進化したという説があります。鴨や鳥の肉に小麦粉をまぶす料理法の伝統料理は他に例がないということで、そこから金澤に客将として滞在したキリシタン大名、高山右近に由来する料理では、と考えられています。また、調理の時に出る、「じぶ、じぶ」という擬音語から名付けられたとも。

取り合わせるすだれ麩は加賀特産ですし、せりも欠かせません。秋の味覚であるきのこや青菜とともに風味豊かな料理に仕上げ、じぶ椀と呼ばれる浅い加賀漆器に盛りつけていただきます。加賀百万石文化の食の粋を感じる料理だといえましょう。

加賀百万石の食文化の粋

じぶ煮

■材料（4人分）

Aかも肉120g（12切れ）、すだれ麩1枚、さといも4個、生椎茸4枚、ほうれん草またはせり1/4束、花麩4切　B薄口醤油・濃口醤油・みりん・酒各大さじ2、砂糖大さじ1、だし汁2 1/2カップ強　C小麦粉適宜、わさび適宜

■作り方

❶かも肉はそぎ切り、すだれ麩は適宜に切り、ゆでこぼしておきます。さといもは皮をむいて下ゆでし生椎茸は石づきをとり、飾り包丁を。
青菜はゆでてすだれで形を整え、2～3cmに切ります。

❷鍋にBの調味料を入れて火にかけ、煮立ったらすだれ麩、さといも、花麩、椎茸を入れて煮、いったん引き上げます。

❸かも肉にたっぷりの小麦粉をまぶして、②に入れて煮、火が通ればこれも引き上げます。

❹器に②③を盛り、青菜を添えます。

❺③の煮汁に水ときの小麦粉で濃度を調え、④にかけ、わさびを天盛りにします。

れんこんと具の味の出合いが魅力

蓮蒸し

加賀野菜の中でもひと際すぐれた食材であるれんこんをすりおろし、鰻や百合根、ぎんなん、しめじなどをしのばせます。藩政期に観賞用として金沢に入ってきたれんこんは、仏花の印象も深いのですが野菜としての評価も高くいろいろと料理に工夫がこらされました。

■材料（4人分）

Aれんこん200g、塩・みりん各少々、卵白1個分　B鰻色付け1/4本、百合根8枚、ぎんなん8個、甘えび4尾、しめじ2/3パック、春菊または金時草1/2束　Cだし汁1カップ、みりん・酒各大さじ1、塩小さじ1/4、薄口醤油少々、水とき片栗粉適量、わさび（好みで）

■作り方

❶れんこんは皮をむき、すりおろして卵白を混ぜ合わせ、塩、みりんで薄く味付けします。

❷鰻は一口大に切り、百合根ははがして掃除し、ぎんなんは殻を割ってゆでておきます。

❸甘えびは身の殻をむき、しめじは石づきをとり下ゆでし、春菊または金時草は葉をつまんでゆで3～4㎝に切っておきます。

❹①と②を混ぜ合わせ、甘えび、しめじを添え、10～15分蒸します。

❺Cのだし汁、調味料を鍋に入れ火にかけ、水とき片栗粉でとろみをつけ、あんを作ります。

❻④に青味をそえ、⑤をかけわさびを天盛りにします。

魚のうま味を大根に移す

ぶり大根

ぶりのうま味を上手に大根に移すのがこつです。ぶりと飴色に輝く厚切りの大根が盛り合わされて食卓にのぼると、それだけで温かい気持ちが家族に広がります。

■材料（4人分）

Aぶりの頭・カマ・切り身8切、塩水適量
B大根3㎝厚さ8個、水3〜4カップ、昆布10㎝角1枚 C生姜、赤唐辛子各少々
D砂糖大さじ1、酒1/3カップ、濃口醤油1/4〜1/3カップ、みりん1/4カップ

■作り方

❶ぶりの頭などは等分に切り、うすい塩水に漬けておきます。
❷大根は皮を厚めにむいて切り込みを入れます。
❸①のぶりを沸騰した湯にさっと通し、水にとり（霜降り）丁寧にうろこを洗い落とします。
❹鍋に昆布、大根、③、水を入れ強火にかけ、煮立ったらアク取りし弱火にしてしばらく煮、生姜の千切りの半量、酒、砂糖を入れさらに煮ます。
❺濃口醤油、みりんを加えゆっくりと煮含め、醤油少々を落とし、残りの生姜を入れ味をみて仕上げます（調味料は2度に分けて入れると良い）。
❻煮上がれば器に盛り、生姜の千切りを天盛りにします。

行事料理と四季のおもてなし

ひな祭り

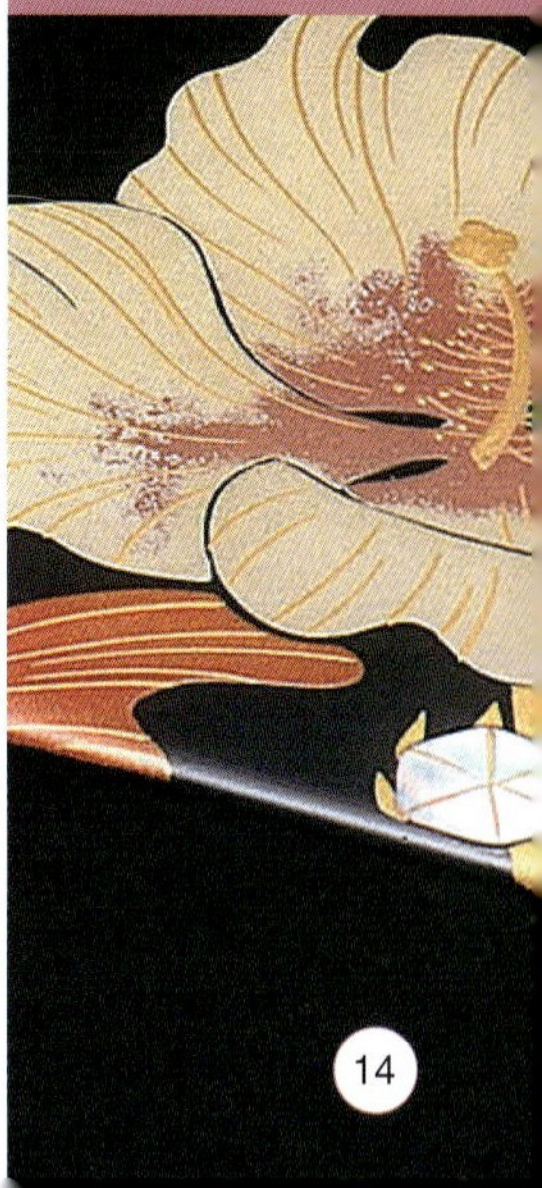

行く末の幸せ願い

麗しいおひな様を飾るひな祭りは、女の節句。古来は五節句の一つである上巳の節句が、江戸時代にひな壇をかざる祭りに変わったそうです。

ひなまつりに出すご膳は、おひな様の雅やかさとは対照的に質素が基本になっていました。伝統的な料理として必ず作られたのは「いわしと小ねぎのぬた」です。酢味噌がさわやかで春到来をよろこぶ味。それに「干だら」や「かれいの煮付け」があります。いずれも鯛などと比べて安価な魚で、やがて他家に嫁ぐ娘が家事のやりくり上手になるようにと願ってのものです。干だらはお招きしたお客が持ち帰りやすいお土産にされました。

二枚の貝殻でしっかりと身を保護している貝の味噌汁も、家を保てるようにとの祈りをこめた料理で、太平洋側でははまぐりを用いますが、春が遅い北陸ではしじみ汁がつくられます。

これも質素さを身に付けてほしい親心に通じます。

じわもん料理の心

素材の色彩をいかして

さよりの黄身寿司

さよりの透き通るような身の色と卵黄の黄、きゅうりの緑、えびの赤と彩り豊かに仕上げます。

■材料（4人分）

Aさより2尾、塩・酢各適量　Bえび4尾、甘酢　Cきゅうり、塩少々　D卵4個、つくねいも100g、酢大さじ2、砂糖大さじ1、塩小さじ1/3

■作り方

①さよりは3枚におろし、塩を振って約15分程おき、洗って酢に4〜5分位浸けてしめます。

②えびは背ワタを取り、串を刺してまっすぐにして茹で、甘酢につけ味が馴染んだら殻をむきます。

③きゅうりは緑色の部分を5㎝長さのひも状に切り塩を振り、しんなりさせておきます。

④卵は固ゆでにして黄身のみを裏ごします。

⑤つくねいもは皮をむき薄切りにして蒸し、裏ごします。④、Dの調味料を混ぜ合わせ味を調えます。

⑥巻きすにラップをひき、①〜③を彩りよく斜めに並べ⑤をのせて巻きしめ、適宜に切り盛り付けます。

お祭り料理

家々の味の違いを楽しむ

笛の音や太鼓の音、「わっしょい、わっしょい」という掛け声が遠くからだんだん近づいてくると、わくわくしながら通りに出て、獅子舞やお神輿の到来をまちかまえたものです。お酒も手伝って威勢がよすぎるほどの大人たちの賑わいが通りすぎると、今度は家に入ってお祭り料理を食べる番です。

「押しずし」は自分の家でつくったものがおなじみの味でおいしいのですが、隣近所の家々とお互いに分け合ったものを食べ比べてみるのも楽しみでした。同じ材料を使っているのに、家によってそれぞれ味に違いがあるのです。

「べろべろ」もまた味の違いがおもしろい料理です。卵と寒天で寄せ固める簡単な料理ですが、砂糖としょう油の加減で色や味が違ってきます。べろべろを食べないと祭りが来たような気がしない方も多いでしょう。

大人たちは、鯛とぜんまいの煮物や巻貝の煮物など、金沢の祭り料理の定番を肴にお酒を飲んで話に花を咲かせます。かつては巻貝の煮物としてタニシを使う家もありましたが、環境の変化のせいでめっきりその数が減った現在では、ほとんどの家が梅貝を用いています。

じわもん料理の心

お祭り料理の定番

梅貝の旨煮

煮すぎて硬くならないようにとろ火で煮ます。

■**材料（4人分）**

A梅貝（中）4個　B酒大さじ2、砂糖大さじ1/2、薄口醤油大さじ1、だいこん輪切り3～4枚、昆布

■**作り方**

❶塩を振ってよく洗った梅貝にひたひたに浸かるほどの水と酒、昆布、だいこんを一緒に入れ火にかけます。

❷沸騰したらアク取りし、砂糖を加え10分程とろ火で煮、醤油を加えて味を含ませます。

お祭り気分盛り上げる

小鯛とぜんまいの煮物

赤い魚の鯛は特別な日を感じさせる魚。鯛の味とぜんまいの味をいっしょにいただけるお祭り気分のひと品です。

■**材料（4人分）**

A小鯛4尾、ぜんまい小1袋、木の芽　B水3カップ、醤油大さじ3、砂糖大さじ1～2、酒大さじ2

■**作り方**

❶小鯛はうろこ、わた、えらを取り、素焼きしておきます。ぜんまいはそろえて束ねサッと湯通しをしておきます。

❷鍋にBの調味料を入れ煮立ったら①の小鯛を入れて煮、途中ぜんまいを入れてさらに煮含めます。

❸途中煮汁が少なくなったら水を補い、煮含まったら器に盛り木の芽をのせます。

お祭りの主役 押しずし

じわもん料理の心

花吹雪に乗って、しめ縄張りに集まる子供らの声が、にぎやかに聞こえ始めると、金沢の町々の春祭りが始まります。

氏神の祭りに欠かせないのは押しずし。九谷の大皿に盛った押しずしは、祭りのメーンを飾るにふさわしい貫禄を見せています。

春祭りの押しずしには、イワシやアジを使い、秋祭りにはサバまたはシイラを組み合わせます。一晩押して、魚とご飯が一体となって、うまさが生まれます。ひときわ、目を引くのが鮮やかな色彩の紺ノリと桜エビでしょう。

押しずしは、県内では金沢以外の地域でも見られ、段ごとに薄板で仕切ります。そのほか、鶴来では笹の葉を、小松、加賀地域では柿の葉を使います。

すしといえばにぎりか、ちらしが主流の現在、地域で生まれた押しずしには、深い味わいがあります。ふと「おばあちゃんの押しずしが食べたいな」と心が騒ぎます。

春は鰯を使う伝統も

押しずし

■**材料（4人分）**

A白米3カップ、もち米1/4カップ、水3 1/2カップ、昆布（5㎝角）1枚 B合わせ酢（米5カップ分）、酢1/2カップ、塩16g、砂糖60g C春は鰯、鯵、小鯛、秋は鯖・しいら等（刺身用）適量、塩、酢、針生姜 D針生姜適量、レモン、紺のりまたはきざみ昆布、桜えび、経木または笹の葉

■**作り方**

1. 白米、もち米は洗って1～2時間水に浸けザルに上げて30分おきます。
2. Bをあわせて火にかけ、塩、砂糖が溶ける程度に温めます。（寿司酢を使用しても良い）
3. ①の米に昆布を入れて炊き上げ寿司桶に取り、②の合わせ酢を振りかけて混ぜ、濡れ布巾をかけて冷まします。
4. 魚は三枚におろし、強めに塩を打ち2～3時間おいて身を締め、水洗いして水気を拭き取り、針生姜を入れた酢に30分～1時間程浸けて締め、皮をはぎ、さく取り（ようかん型）してそぎ切りにします。
5. 生姜は千切りにし、水に浸けておきます。レモンはいちょう切りにし水にさらします。紺のりは水にサッとくぐらせて戻します。経木または笹の葉は型に合わせて切っておきます。
6. 寿司枠を水で濡らしておき、経木をしき、レモン、魚を並べ、寿司飯を広げてその上に紺のり、桜えび、針生姜をのせてさらに経木をしき一段作り、同じように繰り返して重ね一晩押しをします。
7. ⑥を切り分け皿に盛り付けます。

七夕

子ども心にロマンを感じて

「成績が上がりますように」「家内安泰」などと家族がおのおのの願いを書き記した短冊を結わえて七夕飾りが完成すると、次は織姫と彦星が年に一度だけ会うことができる七月七日の夏の夜空が晴れて天の川が見えるようにと祈るばかり。

年に一度しか会うことがかなわないというお話に、子ども心に切なさを感じ、ロマンを夢見た思い出がよみがえります。

そうめん、すいか、どじょうの蒲焼などを縁側で食べている時に、流れ星を見つけて大喜びしたこともありました。

じわもん料理の心

どじょうの蒲焼

土用の丑の日に食べる蒲焼はどじょう。全国あまねくうなぎの蒲焼を食べ、金澤でもその傾向はあるのですが、どじょうにこだわる金澤人もいます。からっと焼きあがった香ばしさ、ぽりぽりとした骨の歯ざわりなどは、うなぎにはない独自の味わい。どじょうの蒲焼屋の技と芳しい匂いは金澤の夏の風物詩の一つとしてぜひ残っていってほしいものです。

ごり料理三種

犀川と浅野川の二つの清流があり、ごり獲りに精を出す人がたくさん川に入るほど多くのごりがいたことが、ごり料理を金澤の名物にしたのでしょう。佃煮は贈答品としてもよく使われますが、そのほか、ささがきごぼうとともに白味噌仕立てのごり汁やから揚げ、珍味としてごりの洗いもあります。から揚げは生きたごりを手早く素揚げして、味だけでなくはねた姿を賞味するのが本来の形です。

ごり汁

■**材料（4人分）**

Aごり（小）8尾、ごぼう1/3本　B昆布だし4カップ、酒大さじ3、白味噌100～120g

■**作り方**

❶ごりは塩をふりもむようにこすり、流し水で洗います。

❷ゴボウは細いささがきにして水にさらし、アク抜きします。

❸鍋に昆布だしを煮立て①を入れてアク取りし、酒、白味噌をときいれ弱火でゆっくり煮ながら味を調え、仕上げに②を放し、歯切れのよさと風味を味わいます。

ごりの唐揚げ

■**材料（4人分）**

Aごり（活）大20尾、小麦粉適量、塩少々　B揚げ油適量

■**作り方**

❶ごりは洗って水気をふき取ります。

❷①に薄く小麦粉を振り、余分な粉は払い落とします。

❸170℃の揚げ油でカラリと揚げ、塩を振ります。

ごりの佃煮

■**材料（4人分）**

Aごり200g　B酒1/3カップ、みりん大さじ4、砂糖大さじ2、醤油1/4カップ、飴大さじ2

■**作り方**

❶ごりは4～5回塩もみし、ぬめりを取って身を締めておきます。

❷Bの調味料を合わせて煮立て、①を入れて中火にかけ、煮立ったら弱火で煮込み、酢少々を加えて1時間位煮、詰まり始めたら醤油、みりん少々を加え鍋をあおり、醤油少々を落として仕上げます。

夏のおもてなし

彩りそうめん
どじょうの蒲焼
みたま
おもてなし冷奴
梅肉叩きおくら
酒盗
明太子
雲丹
おろしからすみ
涼味肴
しめ鯵と胡瓜の辛子粕和え
いなだ
枝豆
揚茄子の田楽
みょうがの甘酢漬け

甘えびやだし巻きたまごでカラフルに

彩りそうめん

■**材料（4人分）**

Aそうめん5～6把、だし巻き卵、甘えび8尾 B生椎茸4枚、醤油・みりん・酒各少々、わかめ、青じそ C〈薬味〉おろし生姜、小葱 D金時草酢味つゆ、あごつゆ、ごまつゆ　（お取り寄せはP148参照）

■**作り方**

❶たっぷりの熱湯の中にそうめんをいれ、煮立ったら弱火にして1～2分ゆで、手早く冷水に取りもみ洗いします。

❷生椎茸は3枚に削ぎ切りにし、アルミ箔に包んで醤油、みりん、酒を振りかけて焼きます。

❸そうめんにだし巻き卵、甘えび、②の椎茸、わかめ、青じそを盛り合わせ、Cの薬味を添えます。

※Dのお好みのつゆでいただきます。

酢に15分ほど漬ける

しめ鯵ときゅうりの辛子粕和え

■**材料（4人分）**

A鯵（刺身用）片身、塩・酢各適量　Bきゅうり1本、塩少々　C土用粕（酒粕）大さじ2、酢大さじ1、砂糖小さじ2、塩少々、辛子小さじ1

■**作り方**

❶鯵は三枚におろして中骨を抜き、強めの塩を両面に振り1時間位置きます。水洗いして水気を拭き、酢に15分ほど漬けて皮をはぎ、細造りにします。

❷きゅうりは小口切りにして塩を振り、しんなりすれば洗って絞ります。

❸Cを混ぜ合わせたもので①、②を和え、味を調えます。

黒豆で涼しげなおこわ

みたま

■**材料（4人分）**

Aもち米5カップ、塩小さじ1 2/3 B黒豆1カップ、塩小さじ1、水3～3.5カップ（好みで砂糖大さじ3～4）

■**作り方**

❶黒豆は分量の水塩にひと晩つけておきます。

❷ふっくらと戻った豆の水気を切り、蒸し器でやわらかく（約1時間）蒸し上げます。

❸もち米はひと晩水につけて、水気を切り、2～3回打ち水をしながら強火で45～50分蒸し上げます。

❹③に②を混ぜ合わせ、塩味をととのえ4～5分蒸し上げて仕上げます。

豆腐をいろんな味で

おもてなし冷奴五種

梅肉叩きおくら

■**材料（4人分）**

A絹ごし豆腐4/9丁 B梅干（大）1個、わさび小さじ2/3、かつおパック1袋、みりん・薄口醤油各少々 Cおくら2本

■**作り方**

❶梅干しは種を取り、細かくたたきBの調味料で味を調えます。

❷おくらは塩磨きしてゆで、小口切りにして①で和えます。

❸豆腐の角切りの上に②をのせます。

酒盗

明太子

雲丹

おろしからすみ

珍味ぞろいの夏の保存食

巻きぶり、いなだ

夏の鰤、というと左党ならずともピンとくる方は多いはずです。お中元のころになると食品売り場には、わらづとに包まれた「巻きぶり」やカラカラに干された「いなだ」がたくさんぶらさがります。

いなだは寒鰤とは異なり脂の少ない夏鰤を二枚に開き、薄塩をして姿干しにしたものです。一方の巻きぶりは、脂の乗った寒鰤を塩漬けにしたのち、風干しして縄でぐるぐる巻き込んだもので、酒のつまみとして絶品です。いずれも先人たちが生み出した生活の知恵によるもので、保存性にすぐれ、食欲が細りがちな夏の食卓にうまさと活力をもたらしてくれます。また、いなだの頭などを十分煮出してだしをとると、そうめんつゆなどをとてもおいしくすることができます。

糠漬け、粕漬け

魚を使った保存食として、発酵作用で猛毒を消し、しかも絶妙の味を誇るものに「ふぐの子の糠漬け」があります。ふぐの子とはふぐの卵巣のことで、テトロドトキシンという猛毒があるのですが、糠漬けによる毒消し発酵でその毒性がなくなるのです。これもまさに先人の知恵の結晶。全国でも石川県の白山市の旧美川地域、金沢市の大野、金石地域だけで作られています。

ふぐは身の部分を「すじ」といいますが、この部分の糠漬けや粕漬けも珍重されます。また、鰯や鰊、鯖などの糠漬けも大漁のときに漬け込む保存食で、夏の食欲を引き立てるおいしさです。かつて鰯がたくさん水揚げされたころは、各家でも糠漬けにしたもので、「こんかいわし」と呼ばれています。

魚が豊かで発酵技術の発達した北陸ならではの保存食があれば、暑い夏も平気というものです。

秋彩　酒客のおもてなし

松茸の土瓶蒸し
松茸ごはん
酒の肴
えのき茸の明太子和え
いかの赤造り
叩きいもの梅肉和え
甘えびの塩辛
なまこのこのわた和え
カッテージチーズの錦木
加賀野菜チップス
秋盛り合わせ
ほろ酔い鶏
名月卵
柚餅子
菊　酒

秋をひととき感じる

松茸の土瓶蒸し

■材料（4人分）

A松茸（中）1本、甘えび4尾、白身魚4切、または鶏ささみ1本、紅葉麩4枚、ぎんなん4個、みつば4本　Bだし汁2カップ、塩小さじ1/3、薄口醤油小さじ1/2、酒大さじ1/2　Cすだちまたは青柚子1個

■作り方

①松茸は塩水でごみを拭き取るように洗い、縦に4つ切りにします。
②甘えびはひげ・足を切りそろえ霜降りします。白身魚または鶏ささみは削ぎ切りにし、酒、塩をふり、霜降りします。
③ぎんなんは殻を取り、ゆでて薄皮を取り除き、みつばは2㎝程に切るか、結びます。
④Bのだし汁を温め、味を調えます。
⑤土瓶に具を入れ汁をはり、強火の蒸し器で約10分蒸し上げます。
⑥仕上げの彩りに薄切りの紅葉麩、みつばを入れ、すだちを添えてすすめます。

香りとともにいただく

松茸ごはん

■材料（4人分）

A松茸1本、鶏もも肉80g、薄揚げ1/3枚、ぎんなん12粒　B米2合、だし汁1カップ強、醤油・みりん各大さじ2、酒大さじ1、塩小さじ1/4

■作り方

①松茸は塩水でごみを拭き取るように洗い、うす切りにします。
②鶏肉は細かく切り、熱湯で霜降りします。油抜きした薄揚げは短冊に切り、ぎんなんは殻をむいてゆで、薄皮を取り半分に切ります。
③鶏肉、薄揚げ、松茸はBの調味料でサッと下煮をしておきます。
④炊飯器に洗った米、③の煮汁を入れ分量のメモリに合わせて水を加えて炊き上げます。③の具を上にのせて10分前後蒸らし、ぎんなんを混ぜ合わせて器に盛ります。

山の幸と海の幸

えのき茸の明太子和え

■材料（4人分）

Aえのき茸1/2袋、明太子1/2本　B薄口醤油・みりん・レモン汁各少々

■作り方

①えのき茸は2㎝位に切ってサッと塩ゆでし、冷ましておきます。
②明太子は薄皮を取りBの調味料と合わせておき、①を和えます。

ひと味違う手作りを

いかの赤造り

■材料（4人分）

Aするめいか（小）1杯、塩・酒適量　B柚子・赤唐辛子・濃口醤油・みりん・酢各少々

■作り方

①刺身用のするめいかの内臓を取り、身・足などの皮をむき、細切りにして塩、酒少々をふります。
②赤ワタを取り出してきれいに掃除し、全体に塩をたっぷりとまぶし、ザルにのせて1晩おきます。
③②の塩を洗い流し、水気をきり、ワタを取り出し、すり鉢に移してよくすります。
④醤油、みりん、酢で味を調え、柚子の表皮の千切り、赤唐辛子の小口切りを加え、①と合わせて味をなじませます。

滋養豊かでさっぱり

叩きいもの梅肉和え

■材料（4人分）

A長いも120g、酢　B梅干（大）1個、薄口醤油、みりん

■作り方

①長いもは皮をむいて、酢水にさらし適宜に切り、ビニール袋に入れてすりこぎなどでたたき、細かくします。

②梅干はみじん切りにし、みりん、薄口醤油で味を調え、①を和えます。

最後に卵を乗せる

甘えびの塩辛

■材料（4人分）

A 刺身用甘えび（卵付き）20尾、塩・酒・みりん各適量、柚子コショウ少々

■作り方

①甘えびは洗って青い卵を指でこそげるように取っておきます。頭、殻を取り除き、身は適宜に切り、強めの塩と酒少々をふり、冷蔵庫で味をなじませます。

②卵も柚子コショウと強めの塩をふっておきます。

③①を盛り、②を乗せます。

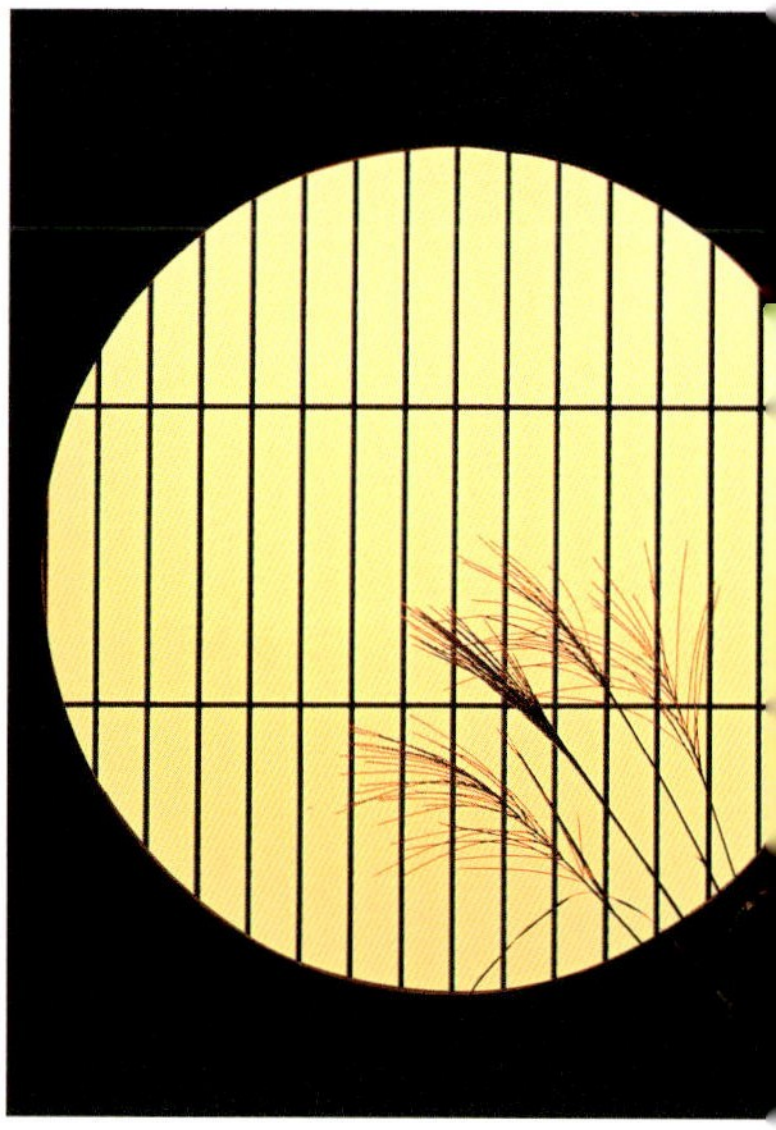

左党にはたまらないひと品

なまこのこのわた和え

■材料（4人分）

A なまこ1袋、酢、このわた（なまこの腸の塩辛）適量 B 柚子皮、一味唐辛子

■作り方

①なまこは塩で磨いて表面のぬめりを取り、水洗いして酢に漬けます。

②①を薄切りにしてこのわたで和え、小鉢に盛り、柚子の表皮の千切り、一味唐辛子を散らします。

チーズと和の味わい

カッテージチーズの錦木

■材料（4人分）

A カッテージチーズ60g B 梅干（大）1個、青じそ2枚、わさび小さじ2/3、かつおパック1袋 C みりん・薄口醤油各少々

■作り方

①梅干は細かく叩き、青じそは千切りにし、わさび、かつお節と合わせます。

②チーズを①で和え、Cで味を調えます。

にが味、甘味を楽しむ

加賀野菜チップス

■材料（4人分）

A くわい4個、れんこん1節、さつまいも1/2本、塩少々 B 揚げ油適量

■作り方

①野菜は皮をむいて薄切りにし、水に充分さらしておきます。

②低温の揚げ油に①の野菜を入れ、ゆっくりと揚げ、パリッとしたら塩をふります。

お月見の友

名月卵

■材料（4人分）

A 卵2個、塩・酢各少々、黒ごま

■作り方

①卵は冷蔵庫から出して水に浸けておきます。

②①を塩、酢を加えたぬるま湯に入れて、転がしながら、沸騰後5分ほどゆでて水に取ります。

③殻をむき、卵の両端を座りよく切って、糸で切り、ごま塩をふります。

ほろ酔い鶏（お取り寄せはP148参照）

お食い初め料理

お食い初め

子どもが一生、食べ物に困りませんように、という願いを込めて行う儀式がお食い初めです。地域によって違いがありますが、生後百日目ごろに行う家が多いようです。

最近は離乳食セットで代用することが多くなったと聞きますが、正式には漆器のお膳を用います。飯椀には「赤飯」、汁椀には子どもが無事育ってくれた喜びとこれからの成長を願って「百カ日団子、紅白千代結び」、平椀には「子いもと結び昆布のお煮しめ」、つぼ椀には「締め小鯛とわかめの酢の物」、お膳の真ん中に置く高つきには金澤らしさを演出してくれる「くるみ煮、ごりの甘露煮」を置いてみました。

「めでたい」と、大きな鯛の焼きものを飾る習慣もありますが、今回は鯛は酢の物にしましたから、同じ赤いお魚の柳八目を焼きました。

「歯固め石」を並べることを忘れないように。これから生えてくる歯が「丈夫な歯になりますように」と願いを込めます。集まった親族に囲まれて、年長の方が食べるまねをさせ、赤ちゃんが笑ったり泣いたりしたところを写真やビデオに収めると楽しい記録になります。

じわもん料理の心

赤ちゃんが実際にお料理を食べるわけではないのですが、お祝いの気持ちや健やかな成長を祈る気持ちを表す工夫が楽しいお食い初めです。

すくすく育てと願いを込めて

百カ日団子、紅白千代結び

■材料

A白玉粉40g、絹ごし豆腐40g B人参8cm長さ、ごぼう8cm長さ（または大根） Cだし汁3カップ、塩小さじ1/2、薄口醤油少々

■作り方

❶白玉粉に豆腐を入れて耳たぶ位の固さに練りゆで、水にとり椀に入れておきます。

❷人参、ごぼうはマッチの軸位の太さに切り、人参は塩を振ってしんなりさせ、ごぼうは酢水でゆで結んでおきます。

❸だし汁に調味し①、②を入れた椀に注ぎ、木の芽を放します。

加賀野菜をおいしくいただく

二塚からし菜

雪国に住む者にとって、春先一番の青菜は心ときめく存在です。雪の下で育ったからし菜の独特の風味は、口の中に春を運んでくれる、雪国の人だけが味わえるぜいたくです。からし菜はその名の通り、種が和がらしとなります。葉にも辛みが含まれており、その辛みをいかに引き出すかが、作り手の腕の見せどころです。

80度ぐらいの温度で からし菜漬け

からし菜は、辛みのもとが酵素によって分解されない限り、辛くなりません。なべに湯を沸騰させた後、さし水をして80度ぐらいに温度を下げます。そこへからし菜を軸のほうからゆっくりとつけていきます。

ひと呼吸おいて引き上げ、袋にどんどん詰め込んでいきます。

まな板の上に袋を置いてもみ、密閉容器に入れて半日もおけばツンと辛い、漬け菜ができ上がります。

コツは、ゆでた後にできるだけ空気に触れさせないようにして密閉すること。色鮮やかに仕上げたいなら、袋ごと冷水につけて熱を取ることです。

根元をおいしく食べる

たけのこの揚げ出し

たけのこの根元の部分はかたいので人気がありませんが、すりおろして揚げ出しにしていただきます。

■材料（4人分）

Aたけのこ（根元）200g、卵1/2個、片栗粉大さじ2、塩、薄口醤油、みりん各少々 B帆立貝2個、蓬麩2切 Cだいこん150g、生姜10g、小葱2本 D酒1/4カップ強、みりん・薄口醤油・濃口醤油各大さじ2、だし汁1 1/2カップ E揚げ油、小麦粉適量、七味唐辛子好みで

■作り方

①たけのこはすりおろして水分を軽く切りAで調味し、卵、片栗粉を混ぜます。

②Dは合わせて煮立て、天つゆを作っておきます（めんつゆを利用してもよい）。

③Bは細かいあられ切りにし、①に混ぜ8個の団子に形を整え、小麦粉を薄くつけて180℃の揚げ油で揚げます。

④③のたけのこ団子を器に盛り、②を注ぎ、だいこんおろしとおろし生姜、ねぎの小口切りを天盛りにし好みで七味唐辛子を振ってすすめます。

新鮮さをいただく

たけのこの刺身

えびのうま味とともに

たけのこえび挟み蒸し

だし汁を片栗粉であんかけにし味をからませます。

■材料（4人分）

Aたけのこ（中間部）1本、こごみ8本、木の芽適量 Bえび100g、ねぎ5cm長さ、片栗粉・塩・酒各少々 Cだし汁1カップ、薄口醤油・酒・みりん各大さじ1 Dだし汁1カップ、塩小さじ1/3、薄口醤油小さじ1、酒・みりん各大さじ1、水とき片栗粉少々

■作り方

①たけのこはゆでて7〜8mm厚さの4枚切り、半分に切り込みを入れ、Cの調味料で煮ます。

②えびは身を細かく叩き、ねぎのみじん切りと片栗粉を混ぜ合わせ、塩、酒を入れて調味します。

③②を①に挟み、器に入れて10分蒸します。

④Dのだし汁、調味料を温め、水とき片栗粉でとろみを付けます。

⑤③の器にゆでたこごみを添え、④のあんをかけ、木の芽を天盛りにします。

※たっぷりの煮汁で含め煮にしてもよい。

母のあんかけ

ぎらぎらと照りつける真夏の日差しがようやく勢いを弱めた夕方、「いただきます」と兄の合掌に合わせ、きょうだいそろって箸を取る。母は最初に兄に煮物を出すと、次は私に出してくれたものです。

「またぁー、きゅうりのあんかけ」。べっこう色の葛あんがたっぷりかかった太きゅうりのあんかけで、おろし生姜がたくさん乗っています。子どもの私が「暑い時は冷たいもの食べたーい」と不満を口にすると、母は決まって「かき氷やアイスクリームみたいに冷たいものを食べてお腹を冷やしているときは、あんかけにしてお腹をあたためて、体をいたわるんだよ」と私をたしなめました。

夏になると出回るなすやトマト、すいかなど実ものの野菜は、それ自身が植物として暑さに耐えるために水分をたっぷりと溜め込み、日照りにも枯れずに力強く生きています。そんな野菜を食べて体内にとり入れ、人も同じように自然界の中で健康を保っていけるのです。

季節に合わせて育つ旬の食材を選び、家族の健康を案じて調理する、これこそ愛情料理といえましょう。

嗜好優先のグルメ料理にもそれなりの魅力はありますが、家族の体をつくる家庭料理こそ大事です。

熱い太きゅうりのあんかけをたくさん食べさせてくれた母は、「じわもん」料理に秘められた日本人の知恵を知っていたのでしょうか。夏の日の夕方の思い出とともにいただくあんかけ料理です。

じわもん料理の心

加賀太きゅうり

初夏になると店頭に姿を現す加賀太きゅうり。カリウムをたっぷり含むので、むくみやだるさを取り除いてくます。涼感あふれる料理にしていただきたい食材です。

ぴりっと辛子を効かせる

加賀太きゅうりと梅貝の辛子和え

■材料（4人分）

A加賀太きゅうり1/2～1/3本、活梅貝4個 Bとき辛子小さじ1、糀または白味噌大さじ1、みりん小さじ1、塩小さじ1/3、薄口醤油、酢各少々

■作り方

❶太きゅうりは皮をむいて種を取り、縦に4等分に切って薄切りにし、塩を振りしばらくおきます。
❷梅貝は殻から身を取り出して薄切りにします。
❸すり鉢に糀を入れて滑らかにすり、辛子を混ぜ合わせてBのその他の調味料を加えます。
❹太きゅうりがしんなりしたら水洗いして水気を絞り、②とともに③で和えます。

わさびの辛みが冷酒にあう

加賀太きゅうりの粕和え

■材料（4人分）

A加賀太きゅうり1本 B酒粕30g、薄口醤油大さじ1、みりん小さじ1/2、だし汁大さじ1、酢大さじ1～1 1/2、砂糖大さじ1/2、わさび小さじ1

■作り方

❶太きゅうりは皮をむいて種を取り、縦に4等分に切って薄切りにし、塩を振りしばらくおき、良くもみ、水洗いして水気を絞ります。
❷すり鉢に電子レンジで柔らかくした酒粕を入れて良くすりBの調味料を混ぜ合わせます。
❸①を②と混ぜ合わせて味を調えて器に盛り、わさびを天盛りにします。

マヨネーズで食べやすく

加賀太きゅうりの明太子和え

■材料（4人分）

A加賀太きゅうり1/2～1/3本、いか1/2杯 B明太子50g、マヨネーズ大さじ2、醤油少々

■作り方

❶太きゅうりは皮をむいて種を取り、縦に4等分に切って薄切りにし、軽く塩を振りしばらくおき、水洗いして水気を切ります。
❷いかはそぎ切りにしてさっと湯に通して水に取り、水気を切ります。
❸明太子の薄皮を取り除いてマヨネーズと醤油を混ぜ合わせ、①、②を和えます。

夏バテの時におすすめのひと品

加賀太きゅうりの韓国風冷麺

暑さで食欲が減退した時こそ、豚肉や卵で栄養をしっかり取りたいもの。太きゅうりやスイカを盛った涼やかな韓国風の冷麺はいかがでしょう。

■材料（4人分）

A冷麺4玉　B卵2個、加賀太きゅうり1/2本、白菜キムチ適量、白ねぎ1/3本、大葉4枚、スイカ4人分　C豚薄切り肉120g、焼肉のタレ適量　D醤油大さじ3、酢・砂糖各大さじ2、塩小さじ1/2、ごま油大さじ1、コチュジャン好み、おろしにんにく少々、スープ2カップ

■作り方

❶豚肉は食べ易い大きさに切り、フライパンで焼き、焼肉のタレを煮からめておきます。

❷卵は黄身を半熟にゆでて半分に切り、太きゅうりは皮をむいて種を取り千六本切り、白菜キムチは食べやすく切り、スイカは皮、種を取り除き、ねぎ、大葉は千切りにします。

❸Dの調味料を鍋に入れて火入れして冷まします。

❹麺をゆでて水に取り水洗いして水気を切ります。

❺④を器に盛り、③をかけ①、②をのせます。

厚くてやわらかい果肉がおいしい

加賀太きゅうりと鶏肉の葛煮

普通のきゅうりよりも果肉がずいぶん厚いのが加賀太きゅうりの特長です。葛煮にしてきゅうりのおいしさを楽しみます。

■材料（4人分）

A加賀太きゅうり2/3本、鶏もも肉1枚、おくら4本　Bだし汁2 1/2カップ、塩小さじ1、薄口醤油大さじ1、みりん・酒各大さじ2、水ときくず粉適量　Cおろししょうが好み

■作り方

❶太きゅうりは皮をむき、縦に3つに切り種を取り、さらに4つに切り塩を入れた湯でゆで、おくらは塩磨きしてゆでます。

❷鶏もも肉は1枚を8等分に切り、霜降りします。

❸鍋にだし汁、Bの調味料を入れて火にかけ、沸騰したら鶏肉を入れて煮、火を通し、太きゅうりを入れてしばらく煮含めます（途中煮汁が少なくなれば、水を加えます）。

❹③に味が含めば鶏肉、太きゅうりを器に盛り、煮汁に水でといたくず粉を入れて汁に濃度を付け、おくらを添えて、おろししょうがを薬味にしてすすめます。

ヘタ紫なす

かわいい卵形のなすです。色やつやがよく日持ちもいいうえに、皮が薄く、果肉が柔らかで甘みがあるなど、料理しやすい食材です。和風にも洋風にも調理でき、漬け物にしてもおいしくいただけます。

相性がいい豚肉とともに

ヘタ紫なすの肉味噌田楽

豚挽き肉を使って肉味噌の田楽にします。ヘタ紫なすの柔らかな口当たりが決め手で、なすのおいしさを楽しめます。子どもや若者にも好まれます。

■材料(4人分)

A なす4個 B 豚挽き肉80g、ねぎ・生姜各少々、赤味噌大さじ1、醤油大さじ1、砂糖大さじ2、酒大さじ1、七味唐辛子少々

■作り方

1. なすは縦半分に切り素揚げします。
2. Bを鍋に入れて炒り煮して火を通します。
3. ①に②を乗せてオーブンで焼きます。

九月の味三種を揚げ出しで

ヘタ紫なすとかますの揚げ出し

九月になるとおいしくなった近海もののかますが出回ります。脂肪が少なくあっさりしたかますと油と相性がいいヘタ紫なす、それにししとうを揚げ出しにします。

■材料（4人分）

A かます4本、小麦粉適量、ヘタ紫なす8個、ししとう8個　B 揚げ油適量　C だし汁1カップ、薄口醤油1/4カップ、みりん・酒各大さじ3、鰹節適量　D だいこんおろし適量

■作り方

1 かますは頭、内臓を取り、三枚におろして腹骨をそぎ取り、血合い骨を抜いて、巻いて楊枝で止め、小麦粉をまぶして油でカラリと揚げます。

2 なすは茶せんに切り込みを入れ、ししとうは種を取り素揚げします。

3 鍋にCのだし汁、調味料を入れて火にかけ、沸騰したら鰹節を入れて煮、漉します。

4 ①、②を器に盛り、③をかけだいこんおろしをのせます

野菜ぎらいな人にもおすすめ

ヘタ紫なすのチーズ焼き

ヘタ紫なす、トマト、玉ねぎにチーズとマッシュルームを乗せてオーブンで焼きます。チーズの味と香り、味付けに使うトマトケチャップやガーリックの味が野菜とミックス。野菜ぎらいの人でも食べられるメニューです。

■材料（4人分）

Aヘタ紫なす4個、トマト2個、玉ねぎ1/2個、マッシュルーム4個、とろけるチーズ150g、サラダ油適量、塩・コショウ各少々　Bトマトケチャップ大さじ4、とき辛子小さじ1、ガーリックパウダー少々　Cバジル適量

■作り方

❶なすは縦に4枚に切り、トマトは輪切り、玉ねぎ、マッシュルームは薄切りにします。
❷フライパンにサラダ油を入れてなす、トマトを焼き、軽く塩、こしょうを振ります。
❸Bの調味料と刻んだバジルを混ぜ合わせておきます。
❹天板にトマト、なすを敷き、③をかけ、玉ねぎ、チーズ、マッシュルームをのせオーブンで焼きます。
❺バジルのみじん切りを振り、バジルを飾ります。

夏野菜をたっぷり煮込む

ヘタ紫なすのラタトゥーユ

フランス南部のプロバンス地方の野菜煮込み料理であるラタトゥーユ。ヘタ紫なすのほかにトマトやズッキーニ、パプリカなどの夏野菜をたっぷり使います。

■材料（4人分）

Aヘタ紫なす4個、にんにく1かけ、玉ねぎ1個、トマト2個、ズッキーニ1本、パプリカ1個　Bオリーブ油大さじ2、スープ2カップ、白ワイン1/2カップ、バジル・ローリエ・タイム各少々、唐辛子少々、塩・コショウ各少々　Cあさつきなど少々

■作り方

❶にんにくはみじん切り、ヘタ紫なす、玉ねぎ、ズッキーニ、パプリカは食べやすい大きさ切り、トマトは皮を湯むきして櫛形に切ります。

❷厚手の鍋にオリーブ油を入れ火にかけ、にんにく、玉ねぎ、ズッキーニ、パプリカを入れて炒め、トマトを入れスープ、白ワインを加え、沸騰したら弱火にしてローリエ、タイム、バジルで香りを付け、野菜が柔らかくなるまで煮込みます。

❸②を塩、コショウで調味し、好みで唐辛子を入れて辛味を付けて器に盛り、細かく刻んだあさつきを散らします。

不思議な味

じわもん料理の心

「食べるのがもったいない」。そんな思いになるのが、ヘタ紫なすの塩漬け。加賀野菜のヘタ紫なすは、卵形の中ぐらいの大きさで、皮が薄く漬け物に適しています。塩みがきして漬けたなすの紺色は鮮やかで、美しく盛った氷鉢は、金澤の夏を代表する風情の一つです。

　また食べるたびに、この味を最初に見出したのはだれなのだろうと思えてならないのが、「なすとそうめんの煮物」です。石川県外で育った方は面食らう不思議な取り合わせですが、なぜかおいしいこの料理。金澤のじわもん料理の筆頭に据えてもいいのではないかと思います。

※なすとそうめんの煮物はP129参照

ヘタ紫なすの漬け物三種

皮が薄いヘタ紫なすは漬け物向きのなすでもあります。
つややかなヘタ紫なすの漬け物がひと品あれば、ぐっと食欲がわいてきます。

梅しそ使いさっぱりと

ヘタ紫なすの柴漬け（写真右）

■材料（4人分）

Aヘタ紫なす4個、塩適量　B梅しそ・梅干の汁各適量、醤油・みりん各少々

■作り方

①ヘタ紫なすは乱切りにして塩水に漬け、重石をのせて下漬けします。
②梅しそを細かく切ります。
③①の塩味を見て、塩味が強ければ水洗いして水気をしぼり、②、梅干の汁、醤油、みりんを加えて味を調え、再度重石をのせて漬け込みます。

ツンとくる辛さが魅力

ヘタ紫なすの辛子漬け（写真中央）

■材料（4人分）

Aヘタ紫なす4個　Bとき辛子、糀、みりん

■作り方

①ヘタ紫なすは乱切りにして塩水に漬けて重石をのせて下漬けします。
②Bを混ぜ合わせて①と混ぜ、密封容器で漬け込みます。

能登特産の魚醤を使う

ヘタ紫なすのいしり漬け（写真左）

夏の漬けものの代表

塩なす

食欲を誘う鮮やかな紺色が魅力です。

■材料（4人分）

Aヘタ紫なす1㎏、塩3～4％、みょうばん少々
B砂糖大さじ1 1/2、リンゴ酢大さじ4、レモン汁大さじ1

■作り方

❶なすは塩、みょうばんでよくもみ、Bの調味料を入れて重石をして1～2日おきます。

多めに買って便利な一品を

夏野菜のマリネ

ヘタ紫なすやトマトなど新鮮な野菜を少し多めに買って、マリネにします。オリーブ油と酢、レモン汁と調味料の中に漬け込めば、食べやすいマリネに。野菜不足解消に重宝です。

■材料（4人分）

Aヘタ紫なす4個、玉ねぎ1個、トマト2個、きゅうり1本 Bオリーブ油大さじ4、酢大さじ1 1/2、レモン汁大さじ1、塩小さじ1/4、コショウ・砂糖各少々 C大葉4枚

■作り方

❶ヘタ紫なすはイチョウ切りにして塩もみして洗い、玉ねぎは薄切りにして水にさらし、きゅうりは小口切りにし薄い塩水に漬けて水気を絞ります。
❷トマトは皮を湯むきしてあられ切りにします。
❸Bを混ぜ合わせてマリネ液を作り①、②を混ぜ合わせて冷蔵庫に入れて漬け込んでおきます。

打木赤皮甘栗かぼちゃ

まぶしいほどのあざやかな朱色が人気のかぼちゃです。金沢市打木町の篤農家・故松本佐一郎氏が作り出した品種で、現在も打木町で栽培されています。ポタージュスープや朱色を生かした煮物でよく食べられています。

あんを包む落ち着いた甘み

かぼちゃ万寿

えび、生椎茸、ぎんなんをやさしい甘みの打木赤皮甘栗かぼちゃで包みます。白玉粉で固さを調整し、卵の黄身のように美しい料理に仕上げます。

■材料（4人分）

A かぼちゃのピューレ100g、塩・砂糖各少々 B 白玉粉30g、だし汁25～30g、塩少々 C えび4尾、酒・塩少々、片栗粉適量、生椎茸4枚、銀杏4粒 D だし汁1/2カップ、塩小さじ1/3、みりん大さじ2、水とき片栗粉大さじ1 E 貝割菜 F 出し汁1 1/3カップ、塩小さじ1/2、薄口醤油小さじ1/2、みりん・酒各小さじ1、水とき片栗粉小さじ2～3

■作り方

1. かぼちゃは皮をむいて一口大に切り、蒸すか電子レンジにかけて裏ごしし、塩、砂糖で下味をつけます。
2. 白玉粉とだし汁を合わせて耳たぶ位の固さに練り、①とよく混ぜ合わせておきます。
3. えびは殻をむき、背ワタを取り粗刻みにし、塩、酒を振り、片栗粉をまぶしておきます。生椎茸は粗みじん切り、銀杏は殻、薄皮をむきゆでておきます。
4. 鍋にDのだし汁、塩、みりんを入れ、③を入れ、煮立てば片栗粉の水ときを入れて煮からめます。
5. ラップの上に②のかぼちゃを広げ、④を芯にしてまんじゅうに形を整え、弱火の蒸し器で12～15分蒸します。
6. Fを鍋に入れて水とき片栗粉でとろみをつけ、銀あんを作ります。
7. 器に銀あんを引き、上に⑤のかぼちゃを盛り湯通しした貝割菜を添えます。

かぼちゃの甘みと帆立の味わい

打木赤皮甘栗かぼちゃと帆立のグラタン

打木赤皮甘栗かぼちゃは水分が多めのかぼちゃです。牛乳で煮てコクをプラスし、半くずしのかぼちゃソースでオレンジ色のグラタンに。

■材料（4人分）

A 赤皮かぼちゃ400g、玉ねぎ1/2個、バター大さじ1 B 帆立8個、塩、コショウ、小麦粉少々、白ワイン適量 C 牛乳2 1/2カップ、パセリ

■作り方

❶鍋にバターを入れ、下味をつけて小麦粉を振った帆立の両面を焼き、取り出します。

❷バターを足して玉ねぎが少し透明になるまで炒め、種を取り、皮をむいたかぼちゃを入れてさらに炒め、牛乳を入れてカボチャが柔らかくなるまで弱火で煮て、塩、コショウで味を調えます。

❸耐熱容器に①を入れ、②をかけ200℃のオーブンで8～10分薄く焦げ色が付く程度焼き、パセリのみじん切りを散らします。

加賀つるまめ

肉厚のさやが特徴である加賀つるまめは、六月から十月が収穫期。ほんとうによく実が付き収量が多いことから「だらまめ」とも呼ばれます。各家の畑でもよく栽培された懐かしい食材を、ひと工夫しておいしく料理します。

健康野菜を塩ゆででシンプルに

加賀つるまめのチーズ明太

加賀つるまめにはカロチン、タンパク質、鉄分が多く、血行を促し疲労回復に効果があるといわれます。トマトやチーズ明太を添えてさやの緑とコントラストを美しく盛りつけます。

■**材料（4人分）**

Aつるまめ20本、塩・オリーブオイル各少々、レタス・トマト各適量　Bカッテージチーズ大さじ4、マヨネーズ小さじ2、辛子明太子1本、玉ねぎのみじん切り大さじ1

■**作り方**

❶つるまめは筋を取って塩ゆでし、塩、オリーブオイルを振っておきます。レタスは千切り、トマトは薄切りにします。

❷明太子は薄皮を取り、玉ねぎは塩もみし、Bと混ぜ合わせておきます。

❸①を盛り合わせ、②を添えていただきます。

豚肉と中華風に

加賀つるまめのオイスターソース炒め

さやにボリュームがある加賀つるまめは、炒め物にも適しています。豚肉と合わせてオイスターソースやにんにく、玉ねぎで味付けすると、手軽な中華風料理のでき上がりです。

■材料（4人分）

Aつるまめ24本、玉ねぎ1/2個、にんにく1/2かけ　B豚肉120g、醤油・酒各小さじ2、片栗粉大さじ1 1/2　Cオイスターソース・酒各大さじ1、醤油・水各小さじ2、水とき片栗粉大さじ1、ごま油大さじ1　D炒め油適量

■作り方

❶つるまめは筋を取り、塩ゆでして水に取り、斜めに2～3つに切ります。玉ねぎはくし型に切り、にんにくはみじん切りにします。

❷豚肉は一口大に切りBの醤油、酒で下味をつけ片栗粉を混ぜ合わせておきます。

❸Cの調味料を混ぜ合わせておきます。

❹中華鍋またはフライパンに油を熱し、②の豚肉を炒めて火が通ればいったん取り出します。油を足しにんにく、玉ねぎ、つるまめの順に炒め、先の豚肉を戻し入れ、③の調味料を入れ手早くからめて皿に盛ります。

赤ずいき

さといもの葉柄を食用に栽培したのが「赤ずいき」で、お盆や秋祭り、法事などの料理には「ずいきの酢の物」が付きものでした。(作り方はP78参照)

近年は血液をきれいに浄化する作用が注目され、ヘルシー食材として脚光をあびています。

アク抜きを忘れずに

赤ずいきと厚揚げの煮物

■**材料(4人分)**

A 赤ずいき300g、厚揚げ2/3枚、つるまめ12本 B だし汁2〜2 1/2カップ、砂糖大さじ1〜2、酒大さじ2、薄口醤油大さじ2〜2 1/2 C 濃口醤油少々

■**作り方**

❶ずいきはアク抜きをしておきます。
❷鍋に厚揚げを入れてだし汁、酒、砂糖を加えてよく煮、ずいきを入れて煮含めます。薄口醤油、筋を取ったつるまめを入れて煮、つるまめは火が通れば取り出します。
❸仕上げに醤油少々を落とし、煮汁に浸けて味を含ませます。

赤ずいきのアク抜き

❶ずいきは皮をむいて適宜に切り、酢少量を落とした水に浸けて(1時間位)アク抜きしておきます。
❷水気を充分切り、鍋に入れてしんなりするまで炒り、浸るぐらいの水を入れて一煮立ちすればすぐザルに上げます。
(または赤唐辛子か大根おろしを入れた湯で下ゆでし、水にさらします。)
※ずいきは産地によりまた、鮮度によってえぐみ(アク)が違います。えぐみが残るようならもう一度ゆでこぼします。

初秋の味

産後の肥立ちを案じて、嫁の実家から三日団子と干しずいきを届ける習慣が富山県にあると聞きました。ずいきには食物繊維やビタミンC、鉄分が多く含まれるので、疲労回復に効果があると言われます。

酢の物にするとやさしいピンクに染まるずいきは、福井県では「すこ」、富山県では「すずき」とも呼ばれ、北陸では残暑と秋風が同居する初秋の味として親しまれています。食べ物の嗜好が変わり、一時期はほとんど忘れ去られたような食材になっていましたが、近年になって健康食品として見直されています。先人が大切にしていた思いやりの心とともに食卓に乗せたい食材です。

じわもん料理の心

あっさり加賀野菜入りでおいしく

加賀太きゅうりと赤ずいきのビビンバ

ぴりりと辛いコチュジャンに穏やかな食感の赤ずいきや加賀太きゅうりがよく合います。

■**材料（4人分）**

A 赤ずいき150g、酢・めんつゆ適量 B 加賀太きゅうり（小）1/2本、人参50g、塩少々 C 大豆もやし2/3袋、塩少々、ごま油小さじ2 D ほうれん草1/2把、ごま油小さじ1、薄口醤油少々、白ごま E 牛薄切り肉100g、ごま油小さじ2、酒大さじ2、濃口醤油・砂糖各大さじ1 1/2、おろしにんにく、コチュジャン F ごはん4人分、卵2個、コチュジャン、白ごま

■**作り方**

①アク抜きしたずいきを鍋に入れ、めんつゆに酢を少々入れて煮含め、煮汁につけて冷まします。

②太きゅうり、人参は千切りにして塩を振り、しんなりしたら固く絞ります。

③大豆もやしは根を取り水に塩少々を加えて火にかけ沸騰したら弱火で15～20分位豆が柔らかくなるまでゆでて、Cの調味料で味を調えます。

④ほうれん草は塩ゆでして3cmに切り、Dで味を調えます。

⑤牛肉は千切りにしてごま油で炒め、Eの調味料で煮、煮汁を少し残します。

⑥丼にごはんを盛り①～⑤をのせ、牛肉の煮汁を少量かけ、白ごまを散らし半熟卵または生卵の黄味をのせます。

※スプーンなどで材料とごはん、好みの量のコチュジャンを混ぜていただきます。

金時草

葉の裏側が目の覚めるような紫色の
金時草は、加賀野菜の顔でもあります。
ビタミンA、鉄分、カルシウムを含み、
血圧の抑制効果も認められる夏の健康野菜です。
ゆでるとぬめりが出るのも特色です。

金《きん》時《じ》草《そう》で体調が回復

「きんときそう」ってどんな野菜ですかと県外の方からよく尋ねられます。加賀野菜の中でも人気のある金時草のことです。葉の表が緑色、裏が紫色。熊本の水前寺菜が北陸に持ち込まれて「金時草」と命名されたともいわれています。

二十年ほど前に加賀野菜保存会を結成された種苗会社社長の松下良さんの情熱で、この金時草は加賀野菜ブランドの表舞台にとびだしました。

酢の物などにして食べると、ぬるりとして、それでいてシャキシャキした歯ざわりで、多くの人に好まれています。また金時草をすり鉢ですりこんで酢味つゆに合わせると、きれいなピンク色の汁に変わります。外資系の会社相手のハードな仕事をし単身赴任の負担も加わって体調を崩していた亡夫が、この金時草の酢味つゆで素麺を食べて回復したのには驚きました。

金時草は、今や全国的に注目されはじめた加賀野菜の顔になっています。

じわもん料理の心

紫ごはんで鮮やかな仕上がり

金時草のちらし寿司

すし酢にゆでて細かく刻んだ金時草をまぜ、アントシアニンという自然色素によってごはんを鮮やかな紫色に仕上げます。

■材料（4人分）

A金時草1/2把、ごはん800g、寿司酢適量
B卵1個、塩・砂糖各少々　C甘えび12尾　Dきゅうりまたは絹さや1/2本

■作り方

❶金時草を塩ゆでして水に取り、細かく刻みます。
❷寿司酢に①を入れ、混ぜ合わせます。
❸炊き上がりのごはんに②を混ぜ合わせ、寿司飯を作り冷ましておきます。
❹卵は調味して薄焼き卵を作り千切りにし、甘えびは殻をむき、きゅうりは千切りにしておきます。
❺器に③を盛り、④の具材をのせます。

赤紫色のつゆで涼感ひときわ

ところてんの金時草酢味つゆ

涼をもとめて食べられるところてんです。金時草の紫色の色素を含ませて赤紫色のあざやかなつゆで、涼感がひきたちます。

（お取り寄せはP148参照）

ぬめりを生かした健康食

金時草のキムチ

金時草は栄養素が豊富で力が出る野菜です。金時草の持つぬめりと、金時草の色が移って鮮やかな紫色となった大根の歯切れがバランスよく、酒のさかなにもおかずにも向くひと品です。

おやっと思わせる一品

金時草のかき揚げ

金時草は酢の物でしか食べたことがない人も多いはず。かき揚げにしてもおいしくいただけます。

■**材料（4人分）**

A 金時草3本、干しえび1/3カップ、玉ねぎ1/4個、じゃがいも1/2個、人参少々 B 小麦粉・水・卵各適量、揚げ油適量 C 天つゆ4人分、大根おろし好み、おろし生姜好み

■**作り方**

❶金時草は葉を摘み、2～3つに切ります。

❷じゃがいもは千切りにして水洗いし、人参も千切り、玉ねぎは薄切りにします。

❸卵に冷水を混ぜ合わせ、小麦粉を混ぜて衣を作り、①、②、干しえびを混ぜ合わせ、スプーン1杯を目安にして180℃の油に入れてカラリと揚げます。

❹天つゆと好みの薬味でいただきます。

そうめんに金時草酢味つゆ（お取り寄せはP148参照）

加賀れんこん

加賀れんこんはでんぷん質が多く、粘りが強い。特に先の方の二節がおいしいといわれます。

風味とやわらかな食感

加賀れんこんの寒天寄せ

梅干しの味をきかせたたれで食べるとさっぱりしてひときわおいしくなります。

■材料（4人分）

Aだし汁1 1/2カップ、加賀れんこん150g、寒天3g、塩小さじ1/4、みりん大さじ1 Bだし汁大さじ4、梅干し2個、薄口醤油・みりん各少々 C大葉8枚、黄菊適量、みょうが2個

■作り方

①れんこんは皮をむいてすりおろします。
②鍋にAのだし汁、寒天を入れて火にかけ、沸騰したら火を弱め、れんこんを入れてしばらく煮、塩、みりんを加えます。
③②のあら熱を取り型に流して冷蔵庫で冷やし固め、一口サイズに切ります。
④梅干しの果肉に、だし汁、薄口醤油、みりんを入れて味を調えます。
⑤黄菊は酢を入れた熱湯でゆでて水にさらし、みょうがは千切りにします。
⑥器に大葉を敷き、③を盛り、⑤をあしらい、④を添えます。

見通しのよい縁起物

れんこんはどこを切っても穴があり見通しがきくので、それが「先の見通しが良い」に通じるとあって、お正月料理に欠かせない縁起物となっています。金澤の近郊である小坂地区の土壌がれんこん栽培にもっとも適しているといわれ、かねてより主産地として知られています。

なんでも五代目の加賀藩主である前田綱紀公が、美濃の国から種子を持ち帰られて、金澤城の内堀に観賞用として植えられ、咲いた花を愛でられたそうで、百万石の大藩らしいおっとりした話。

味がよい加賀れんこんの人気は次第に高まって、明治後期から大正時代にかけて栽培農家の家は「蓮根御殿」と呼ばれる景気だったとか…。栽培面積も広がりました。

主人の父は、廃藩置県で職を失った祖父の元から離れ横浜に移ったそうですが、れんこんをはじめ加賀の野菜が恋しくて季節ごとに郷里から送らせたと聞きます。子どものころからなじんだ味というものは、どんな地へ移っても体全体にしみこんでいるのでしょうか。

じわもん料理の心

素材の味を楽しむ

加賀れんこんの刺身

れんこんを食べると母乳の出がよくなるといわれます。滋養豊かな食材を刺身で。

■**材料（4人分）**

A 加賀れんこん150g　B だし汁大さじ3、醤油大さじ1、わさび好み

■**作り方**

❶れんこんは皮をむいて薄切りにして酢を入れた湯でゆでて水に取ります。

❷器に大葉を敷き、れんこんを盛り、より人参をあしらい、わさびを添え、だし汁で割った醤油とともにすすめます。

しぼり汁を上手に使う

加賀れんこんの団子汁

団子がふっと浮かんできたら、ひと呼吸、ふた呼吸おいて火を止めます。

■材料（4人分）
A 加賀れんこん150g、塩少々 B だし汁4カップ、加賀味噌大さじ4

■作り方
❶れんこんは皮をむいてすりおろして塩少々加え、汁をしぼって鍋に入れます。
❷①のしぼり汁を鍋に入れて火にかけ、とろみが出るまで練り上げ、少し冷ましておろしたれんこんを混ぜ合わせて一口サイズの団子にします。
❸鍋にだし汁を入れ沸騰したら②を入れて静かに火を通し、味噌をとき入れ味を調えます。
❹小口切りにしたねぎを放ち椀に注ぎます。

ぜいたくな味の取り合わせ

加賀れんこんのえび挟み揚げ

昔は貴重な野菜だった加賀れんこんにえびをベースにした具をはさむぜいたくな揚げ物です。

■材料（4人分）
A 加賀れんこん5㎜厚さ16枚、ししとうなど8本 B えび（中）12尾、白ねぎ10㎝長さ、生姜少々、椎茸2枚 C だし汁1カップ、酒・みりん・醤油各大さじ3、かつお節適量 D 小麦粉2/3カップ、卵1/4個、冷水1/2カップ

■作り方
❶れんこんは皮をむき5㎜厚さに切ります。
❷えびは細かく粘りが出るまで包丁で叩き、ねぎと椎茸のみじん切り、生姜のすりおろしを混ぜ合わせ、①でサンドします。
❸鍋にCのだし汁、調味料を入れ火にかけ、天汁を作ります。
❹Dを混ぜ合わせて天ぷらの衣を作り、②に付けてカラリと揚げます。
❺④の後、種を取ったししとうに衣を付けて揚げます。
❻器に④、⑤を盛り、天汁を添えます。

ボリュームあるれんこん料理

加賀れんこんと豚肉の炒め煮

豚バラ肉の脂とれんこんは相性がよく、ボリューム感のある料理です。

■材料（4人分）

A豚バラ肉250g、加賀れんこん1/2節、絹さや12枚 Bごま油適量、だし汁2カップ、醤油大さじ3、酒大さじ2、砂糖大さじ1〜2 Cとき辛子好み

■作り方

❶豚肉はひと口大に切り、れんこんは皮をむいて乱切りにします。

❷絹さやは筋を取りゆでて水に取ります。

❸フライパンにごま油を入れ火にかけ、①を炒めます。

❹鍋にBのだし汁、酒、砂糖を入れ火にかけ、③を入れてしばらく煮ます。

❺④に醤油を入れて汁気がなくなる位に煮詰めて器に盛り、②を添え、とき辛子をのせます。

さつまいも、代用食の思い出

「ただいま」と国民学校から帰ると、まっさきに台所に行きます。釜から蒸し上がったばかりの丸ごとのさつまいもが、かご一杯にもられています。手を洗って、さっそく熱々のおいもを半分に割り、割れ口がべっとりとしているものはそっと元に戻して、こぼこぼとしているものを探します。皮ごと口にほお張ると胸が詰まるので、牛乳を飲みながら胸を叩き一本のおいもを食べ終えてホッと一息ついたことなどが、今も鮮明に思い出されます。

当時は主食のお米が配給制でしたから、毎日ごはんを食べるというわけにはいかなかったようです。こんな時代、さつまいもは代用食のトップを担っていました。放課後には先生に引率されて学校のさつまいも畑に行っては、水やりや草むしり、いも掘りなどの農作業をすることは日課でした。いもづるをはずしたり、掘り出したおいもを給食室の炊事場へ運んだり、掃除をすることも子どもの大切な役割でした。綿入りの防空頭巾を肩に掛け、セーラー服に紺絣のもんぺ姿で登下校した国民小学校の四、五年生時代。

生後三カ月目に父を亡くした末っ子の私を、母はいつも愛しく思っていたのでしょうか。姉たちから「あなたはお母さんの懐で育てられた」と聞かされていました。

やがて亡き母の年齢に近づいていく私ですが、今もその思い出は宝石のように輝いています。

じわもん料理の心

細めのものが手に入ったら

さつまいもと糸昆布の煮物

ビタミンB1やCが多く美容によいとされるさつまいもを、鉄分、カルシウムなどが含まれており健康食品として人気が高い昆布と共に煮ものにします。

■**材料（4人分）**

A さつまいも（細）2～3本、糸昆布100g

B だし汁2カップ、砂糖大さじ1～2、薄口醤油大さじ2～2 1/2 C 赤唐辛子、ごま油

■**作り方**

❶さつまいもは輪切りにします。

❷鍋にだし汁、さつまいもを入れて熱し調味料を入れて煮含めます。

❸火が通ったらさつまいもを取り出し、糸昆布を煮含め、赤唐辛子、ごま油を好みで加え味を調えます。

ほくほく、もぞもぞ感がおいしい

さつまいもと加賀つるまめの煮物

二つの加賀野菜を煮物にします。肥料を抑えて甘味を増すように栽培されたさつまいもは、ほくほくとした食感が特徴です。片や加賀つるまめはさやのもぞもぞとした食感が楽しめます。

■材料（4人分）

Aさつまいも（細）2～3本、厚揚げ1/2枚、加賀つるまめ12本　Bだし汁2カップ、砂糖大さじ2/3～1、薄口醤油大さじ2　C濃口醤油少々

■作り方

❶さつまいもは輪切り、厚揚げは油抜きをして適宜に切ります。
❷つるまめは筋を取っておきます。
❸鍋に厚揚げ、だし汁、砂糖を入れてよく煮含め、さつまいも、つるまめ、薄口醤油を入れて煮含めます。
❹つるまめに火が通れば取り出し、仕上げに醤油少々を振り入れ香りを添えて盛り合わせます。

味噌やソースを工夫して

源助だいこん 風呂吹き三種

源助だいこん

だいこんとしては、やや小ぶりで、ふっくらした形に白い肌。金澤美人を連想させる源助だいこんは、きめが細かく、甘味が強く、柔らかいのに形がくずれにくい優れた品種です。一時期、栽培が簡単な青首だいこんの陰に隠れましたが、「だいこんずし」などの金澤料理は源助だいこんに限ります。

肉味噌

■材料（4人分）

A下ゆでだいこん4切れ Bなすの肉味噌と同じ（42ページ参照） C万能ねぎ

■作り方

❶下ゆでだいこんに、肉味噌をかけて、万能ねぎの小口切りを散らします。

和風ステーキ

■材料（4人分）

A下ゆでだいこん4切れ、小麦粉適量、サラダ油・バター適量 B醤油大さじ6、酒大さじ4 Cかつお節

■作り方

❶フライパンにサラダ油を熱し、薄く小麦粉を振っただいこんの両面をこんがり焼き、Bの割り醤油をからめバターを落として仕上げます。
❷皿に盛り、①のソースをかけ、かつお節をたっぷりのせてすすめます。

こんか鰯のクリームソースがけ

■材料（4人分）

A下ゆでだいこん4切れ、スープ、サラダ油またはオリーブオイル Bにんにく1かけ、こんか鰯10〜20g、オリーブオイル大さじ2、生クリーム1/4カップ C青じそ4枚

■作り方

❶下ゆでしただいこんをスープであたため、油を敷いたフライパンに入れてこげ色が付くまで焼きます。
❷こんか鰯は糠を落とし、半量を薄切り、残りをみじん切りにします。
❸①の後のフライパンにBのオリーブオイル、すりおろしにんにく、みじん切りのこんか鰯を入れ、中火にかけ香りが出たら火からおろし生クリームを混ぜながら入れます。
❹③をだいこんの上からかけ、残りのこんか鰯をのせ、青じその千切りをのせます。

だいこんの下ゆで

だいこん1本、米のとぎ汁または米糠

❶だいこんは3〜4cmの輪切りにし皮を厚めにむき、隠し包丁を入れます。
❷米のとぎ汁または水に米糠を入れた中に入れて竹串が刺さるくらいまで（約30分）ゆで、そのまま冷まし、洗って使います。

料理の名脇役、源助だいこん

野菜の中の王様ではないけれど、だいこんは名脇役を務めています。四季を通して出回るだいこんですが、秋だいこんの利用度は特に高く、中でも加賀野菜の源助だいこんは、金澤市の打木地区の松本佐一郎氏によって作られ

た品種で、青首品種である愛知県の宮重だいこんと関東の白首だいこんを交配してできたものです。太くてずんぐりとしただいこんは、きめが細かく、水々しく、甘味があって丸かじりしたくなるほどです。生産農家の方にお聞きすると、梨の実のようにほとばしる甘い水分がほかのだいこんと違うとのこと。だいこんおろしに酢をくわえた「みぞれ酢」は消化酵素たっぷり。油揚げ、しらす干し、かに身やなまこなどさまざまな食材を和えたみぞれ和えやみぞれ煮など、時には千切りに刻んでサラダ風にと、料理の主役にはなれませんが、体を整える調整役として、堂々と舞台に立てる役者なのです。

じわもん料理の心

糀漬けで作る家庭の味

だいこんずし

甘酒で漬け込むのはかぶらずしと同じですが、材料は加賀野菜の源助だいこんと身欠きにしんです。北陸で幅広く家庭で作られるだいこんずしは、好みや工夫によって家々の味が伝えられ、わが家の味、おふくろの味となってきました。

■材料（4人分）

A だいこん5本、天然塩2.5～3％（源助だいこんは3.5～4％）、重石、人参3～6㎝、柚子皮・昆布・赤唐辛子各少々 B 身欠きにしん10本、米のとぎ汁 C 糀1/2枚、米1 1/2カップ（少し柔らかめに炊く）、熱湯1/2～1カップ

■作り方

❶〈だいこんの塩漬け〉
だいこんは適宜に切り、樽の底に塩を振りだいこんを並べまた塩を振りだいこんを並べる事を繰り返し、重石をして5～6日位塩漬けします。

❷〈にしんを戻す〉
にしんは米のとぎ汁（または米糠＋水）に一晩浸けて戻し、うろこをとり、水洗いして糠を落とし、適宜に切っておきます。

❸〈甘酒の作り方〉
糀に熱いごはん、熱湯を合わせて混ぜ、簡単な保温をして一晩おきます。

❹〈本漬け〉
(a)だいこんはざるに上げて水気を切っておきます。
(b)人参は千切り、赤唐辛子は種を除き小口切り、柚子、昆布は千切りにしておきます。
(c)(a)、(b)を混ぜながら漬け込み、落し蓋をして重石をします（7～10日位で漬け上がります）。
※気温が高い時は酸味が強くなるので冷暗所で漬け上げます。

身欠にしんの食文化

じわもん料理の心

私が子どものころ、大きな港町には「鰊蔵」という倉庫がありました。藩政期から明治にかけて北前船が北海道から身欠にしんを大量に運んできました。それを保管しておくための建物です。水揚げされたにしんから内臓や卵巣（数の子）を取り去り一カ月以上、干し固めたものが身欠にしんで、油脂などの作用で腐りにくい性質があります。

現代ほど輸送手段や冷凍・冷蔵技術が発達していなかった時代には、保存がきく身欠にしんは金澤、加賀の家々にとって大切な食材でした。冬はだいこんずしに、また四季を通して煮物に入れて食べられ、タンパク源として重宝された身欠にしん。昆布とともに金澤の食文化に北前船交易の影響が現れたものだと思われます。ほんの少しいがらっぽいにしんの味をおふくろの味と感じる方も多いでしょう。

伝統の味をサラダ感覚で

だいこん鮭サラダずし

だいこんずしに比べ、漬け込み時間も短い手軽さ。

■材料（4人分）

Aだいこん1本、塩3％　B甘塩鮭300g　C酢3/4カップ、砂糖50g、塩小さじ1/2　D糀（甘酒）100～150g、人参少々、レモン、赤唐辛子

■作り方

①だいこんは3cm厚さの輪切りにし、1.5cmのところに切り目を入れ、塩漬けしておきます。

②鮭はそぎ切りにして酢洗いし、①に挟み、Dの甘酒を散らしながら重ね、Cの甘酢を注いで漬け込みます。

③人参の千切り、レモンの薄切り、赤唐辛子の小口切りを散らします。

野山の恵みを味わう

❶

わらびの下処理とゆで方

■作り方

❶わらびは根元の固い部分を折り取り、穂先は手でもみ落とし、束ねておきます。

❷1把のわらびで2ℓの水、重曹小さじ1位を沸かし、根元から先に入れ、少し柔らかくなったところで、穂先を入れて好みの固さにゆで上げます。

❸水に取り流し水で一晩さらします。

※アクが残っているときは、何度か水をかえてさらします。

山菜

春山のこごみ、ぜんまい、うど、わらびなど日を追って登場する山菜は自然の恵みそのもの。

卵は半熟ぐらいで

わらびの卵とじ

わらびはアク抜きして使います。卵でとじることでさらに味がやわらかくなります。

■材料（4人分）

Aゆでわらび20本、ゆでたけのこ50g、玉ねぎ1/4個、鶏もも肉80g、天かす少々、卵3個　Bだし汁1 1/2カップ、薄口醤油大さじ2～3、砂糖大さじ1～2/3、みりん大さじ1、酒大さじ3～4

■作り方

❶わらびは3～4㎝長さに切っておきます。たけのこ、玉ねぎは薄切り、鶏肉は細かく切ります。

❷鍋に①を入れ、Bの酒をふりかけて蒸し煮にし、Bの他の調味料を入れて3～4分煮て味を調えます。

❸卵をとき、②に流し入れ、卵が半熟程度になったら火を止め、ふたをして蒸らします。

❷

❸

春を感じる一品

わらびの酢の物

山菜のなかでもわらびはもっともおなじみ。さっぱりした酢の物は春を感じさせます。

■材料（4人分）
Aゆでわらび1把 B醤油大さじ1、酢・だし汁各大さじ2、わさび・きざみ海苔好み

■作り方
❶Bを混ぜ合わせます。
❷わらびを食べやすく切り、①で和え小鉢に盛り、きざみ海苔などを天盛りにします。

ぴりっとした辛み

せんなの漬け物

※作り方は「からし菜漬け」（P33）と同じです。

ごまの風味で味わい増す

かたはのごまよごし

かたはは熱湯に通すと目が覚めるような緑色になり、食べるとやわらかなぬめりがあります。

■材料(4人分)

Aかたは1把　B黒ごま大さじ3、味噌大さじ1、醤油少々、砂糖大さじ1、だし汁適量

■作り方

❶かたはは洗って塩ゆでし、水に取り皮をむき、2〜3㎝の長さに切ります。

❷すり鉢に炒った黒ごまを荒ずりにし、調味料を入れ、だし汁で硬さを調整し、①を②で和えます。

ツルッとした食感

かたはと揚げの煮物

かたはは「よしな」とも呼ばれます。煮物にすると少しツルッとした食感が楽しめます。

■材料（4人分）

Aかたは1把、厚揚げ2/3枚 Bだし汁2～2 1/2カップ、砂糖大さじ1～2、酒大さじ2、薄口醤油大さじ2～2 1/2 C濃口醤油少々

■作り方

❶かたはは根元の皮をむき、適宜に切ります。

❷鍋に厚揚げを入れてだし汁、酒、砂糖を加えてよく煮、薄口醤油、①を入れて柔らかくなるまで煮、かたはは火が通れば取り出します。

❸仕上げにCを落とし、味を含ませます。

※かたはは2％位の塩で一夜漬けにし、軽く塩抜きしてから煮たものも、おいしくいただけます。

ごま油で炒める

わらびとベーコンの炒め物

意外な取り合わせかもしれませんが、おいしいです。

■**材料（4人分）**

Aわらび1把　Bベーコン4枚　Cごま油適量、だし汁大さじ1、薄口醤油大さじ1、塩・コショウ各少々、ガーリックパウダー少々

■**作り方**

❶下処理したわらびを水に晒してアク抜きして食べやすい長さに切ります。ベーコンは1㎝幅に切ります。

❷フライパンにごま油を入れて火にかけ、②、①を炒め、だし汁、薄口醤油、塩、コショウ、ガーリックパウダーで調味し、器に盛ります。

緑色が美しい

わらび羹

わらびの根元の硬いところを利用してわらび羹などにしてみてはいかがでしょう。

■**材料（4人分）**

Aわらびの根元60～70g　B粉寒天3g、水2 1/2カップ、くず粉・砂糖大さじ2　C黒砂糖30g、水大さじ1 1/2　Dきな粉適量

■**作り方**

❶ゆでたわらびの根元は水とともにフードカッターにかけ、裏ごします。

❷粉寒天を①に入れ、火にかけて沸騰すれば弱火で2～3分煮、砂糖、くず粉の水ときを加えて2分火を通し、型に流して冷やし固めます。

❸Cを鍋に入れ少し煮詰めて冷し、②にかけ、きな粉をかけてすすめます。

海山のうま味が溶け合う

わらびの昆布じめ

昆布じめというと、たいやひらめなど魚をしめるものという感じが強いようですが、山の幸のわらびを昆布でしめると昆布のうま味が加わって、滋味深いうま味が引き立ちます。

■材料（4人分）

A ゆでわらび1束、塩少々
B 広板昆布、酒・醤油・酢・みりん各少々

■作り方

❶固めにゆでて一晩アク抜きしたわらびの水気をとり、塩少々を振ります。
❷昆布を押し型の大きさに切り酒、醤油、酢、みりんの合わせたもので拭き、昆布の上に①のわらびを並べ、上に昆布を乗せてサンドイッチのように挟み、軽く押しをして1～2日置きます。

不意の来客の酒肴にも役立つ

きのこ、こんにゃくの昆布じめ

きのこが一度にたくさん手に入ったら、同様に昆布でしめて保存するといいでしょう。こんにゃくなどもひと味違った味が楽しめます。

※使用した昆布は刻んで炒め物や煮物に使いましょう。
鮮魚の昆布じめはP143参照

じわもん料理の心

北海道の昆布採り

「うわー、大きな昆布」

北海道を旅した時、幸いなことに昆布採りを体験することができました。海が荒れた後に海岸にうち寄せられた昆布を拾うのですが、何メートルもある大物を引きずっていると、まさに海からのすばらしい恵みをという気持ちになりました。

日本産の昆布の大部分は、北海道でとったもので、藩政期から明治時代にかけて隆盛した北前船が、金石など日本海側にある港々や遠く大阪、九州にまで運びました。そんな歴史があって、昆布だしの食文化が広まりました。また各種の昆布じめがありますし、金澤のじわもん料理である「竹の子と昆布の煮物」のように煮物の具としても食されるようになりました。

漁や養殖による昆布もあるのですが、私は昆布だしをとるたびに、打ち寄せる波によって届けられた昆布を思い出し、大自然のありがたさを感じずにはいられません。

体に優しい加賀野菜薬膳

甘鯛柚香蒸し
金時草かき揚げ
三種　赤ずいきの酢の物
　　　打木赤皮甘栗かぼちゃのいとこ煮
　　　こんにゃくのくるみ味噌
金沢春菊の菊花和え
海草サラダ
赤米玄米粥
加賀れんこんのすり流し汁
梨のカクテル

おいしい薬膳

昨今の薬膳ブームは、グルメ嗜好に傾きすぎた食生活が心配になってきた日本人が、新たに求める健康嗜好かもしれません。ただし、中国四千年の食文化が生み出した薬膳の本来の考え方は、個人個人によって異なる体質や体調に合った食物をバランス良く摂取することにあり、一つの決まったメニューを食べ続ければよいというのではないのがむずかしいところです。

私は北陸に伝わる郷土料理を作る人たちを何年もかけて訪ね歩いたことがあります。豊かな野菜、魚介類、海草を、煮物や酢の物で、あるいは糀や糠を使って発酵食品にしていただく。四季折々の自然が作り出す新鮮な食材をうまく活かした伝統的な料理の数々に、健康に関わる知恵が満ち満ちていることに驚きました。しかも、おいしいのです。

輸入食品の安全性に疑問符がつく現在こそ、地元の新鮮な食材がもつ多種の栄養素をバランス良く、おいしくいただきたい、そう考えながら加賀野菜薬膳を作ってみました。

じわもん料理の心

加賀野菜薬膳

地場で取れる新鮮で栄養豊かな加賀野菜をふんだんに使った薬膳です。ビタミンA、鉄分、カルシウムを多く含む金時草はかき揚げでいただきます。金時草とともにアントシアニンが多く血液をきれいにする赤ずいきは酢の物に、各種ビタミンやカリウムが多い打木赤皮甘栗かぼちゃは、小豆といっしょに金澤の伝統料理の「いとこ煮」にします。金澤春菊はβカロテンやビタミンB2、C、カルシウム、鉄などの栄養素を含み、身体の免疫力を向上させる食材で、菊花和えでいただきます。胃潰瘍や十二指腸潰瘍に薬効があるといわれる加賀れんこんは、口あたりがいいすり流し汁で食べます。

このほかにも、「甘鯛柚香蒸し」に百合根や銀杏、柚子を使い、おかゆはビタミンB1やEを含みイライラ解消に役立つ赤米玄米で作ります。金澤ならではの取り合わせで彩りも鮮やかな薬膳を召し上がってください。

百合根やぎんなんも使い

甘鯛柚香蒸し

■材料（4人分）

A甘鯛2尾、塩・酒適量 B百合根1/2個、ぎんなん8個、しめじ1パック、柚子 Cだし汁2カップ、塩小さじ1/3、みりん小さじ2、薄口醤油少々、水ときくず粉適量 D柚子皮

■作り方

❶甘鯛は三枚におろし、塩、酒を振っておきます。
❷百合根は掃除し、ぎんなんは殻を割りゆでて薄皮をむいておきます。しめじはサッと洗い、石づきを取り小房に分けておきます。
❸耐熱容器に①、②をのせて蒸気の上がった蒸し器に入れ、中火で12分蒸します。
❹Cのだし汁に調味し、水ときくず粉でとろみをつけて銀あんを作ります。
❺③を器に盛り合わせ、④をかけ柚子皮の千切りを散らします。

体をいやす

赤ずいきの酢の物

■材料（4人分）

A赤ずいき100g、刻み白ごま少々 B酢、だし汁各大さじ1、砂糖小さじ2、塩、薄口醤油各少々

■作り方

❶ずいきはアク抜き（P52参照）をして、熱いうちにBの調味料につけ冷まします（固めに仕上げます）。

❷小鉢に盛り、刻み白ごまを散らします。

金時草のかき揚げ（P56参照）

整腸の効果がある

こんにゃくのくるみ味噌

■材料（4人分）

A こんにゃく1/2枚、塩少々

B くるみ味噌大さじ2、あさつき

■作り方

❶こんにゃくは塩で表面をこすり、すりこ木などでたたいておきます。

❷こんにゃくの表面にかるく切り目を入れて、3分位ゆでておきます。

❸こんにゃくにくるみ味噌をかけ、あさつきをあしらいます。（お取り寄せはP149参照）

多種の栄養素含む

金沢春菊の菊花和え

■材料（4人分）

A 春菊1把、薄口醤油少々、食用菊花1/2個

B〈辛子酢醤油〉薄口醤油小さじ1～1 1/2、だし汁大さじ1～1 1/2、みりん・酢各少々、とき辛子小さじ1/3

■作り方

❶春菊はきれいに洗い塩ゆでし、3cmに切り、薄口醤油を振りかけ、水気を絞っておきます。

❷菊の花は花びらを取り、酢を入れた湯で少しずつサッとゆで水に取り絞ります。

❸①、②を和え、器に盛りBをかけてすすめます。

縄文の生命力伝える

赤米玄米粥

滋養に富む

加賀れんこんのすり流し汁

■材料（4人分）

A 加賀れんこん120g

B だし汁3 1/2カップ、加賀味噌40g、小ねぎ

■作り方

❶れんこんは皮をむいて酢水にさらし、すりおろします。

❷だし汁にすりおろしたれんこんを加えアク取りしながら煮ます。

❸②に火が通れば味噌をとき入れ器に盛り小口切りの小ねぎを散らします。

体と気持ちが落ち着く

梨のカクテル

■材料（4人分）

A 梨1個、マスカット12粒

B シロップ大さじ1、白ワイン小さじ2、レモン汁小さじ1、ミント

■作り方

❶梨は皮をむいて塩少々で洗い、レモン汁をかけてからすりおろし、Bで味を調えます。

❷マスカットは皮と種を取り、①と和えて器に盛りミントを飾ります。

おだやかな甘みが食欲増す

さつまいもの粥

金沢市の五郎島地区や近郊で収穫されるさつまいもは、デンプン含量が多く甘みが強いのが特長です。おだやかな甘みのかゆに金沢市の諸江地区の特産のせりなどで色と香りを添えます。

■材料（4人分）

A 米1/2カップ、水3カップ、塩少々
B さつまいも1本、餅1枚、せり・クコ少々

■作り方

❶鍋に洗った米、水を入れ火にかけ、沸騰したら弱火にしてふたをずらして1時間位煮ます。
❷①に塩、皮をむいて1～2㎝角に切ったさつまいもを入れ、柔らかくなったら1～2㎝角に切った餅を入れて器に盛り、せりとクコを散らします。

際だつとろみと味わい深さ

かに入り蓮がゆ

加賀れんこんのとろりとした上品な味わいとかにのおいしさが加わった、何杯でもおかわりしたくなる究極のぜいたくな薬膳がゆです。

■材料（4人分）

A かに身80g、米1/2カップ、れんこん100g、せり少々
B 昆布だし汁5～6カップ、塩少々

■作り方

❶れんこんは1/3をみじん切りにし、残りをすりおろしておきます。
❷鍋に昆布だし、洗った米を入れて火にかけ、沸騰したらみじん切りにしたれんこんを加えて、弱火にしてふたをずらして乗せ、米、れんこんが柔らかくなるまで炊きます。
❸②にすりおろしたれんこん、かにを加え、塩で調味します。
❹③を器に盛り細かく刻んだせりを散らします。

滋養スープ三種

さつまいものクリームスープ

■**材料（4人分）**

A さつまいも250g、玉ねぎ1/4個、ごはん50g、バター大さじ1 B 水2カップ、コンソメ1個、牛乳1 1/2カップ、生クリーム1/4カップ、塩小さじ1/3、コショウ少々、ローリエ1枚 C パセリのみじん切り

■**作り方**

❶鍋にバターを溶かし、薄切りの玉ねぎを軽く炒め、皮を厚めにむいて薄切りにしたさつまいも、水、ごはん、コンソメ、ローリエを入れ沸騰したらアク取りし、弱火で柔らかくなるまで煮ます。

❷①の荒熱を取りローリエを取り出してミキサーにかけます。

❸裏ごしして鍋に戻し牛乳を入れて火にかけ、塩、コショウで味を調え、生クリームを入れて器に注ぎ、パセリを散らします。

かぼちゃのクリームスープ

■**材料（4人分）**

A かぼちゃ250g、玉ねぎ1/4個、ごはん50g、バター大さじ2 B 水2カップ、コンソメ1個、牛乳1 1/2カップ、生クリーム1/4カップ、塩小さじ1/3、コショウ少々、ローリエ1枚 C パセリのみじん切り

■**作り方**

❶鍋にバターを溶かし、薄切りの玉ねぎを軽く炒め、さらに皮を厚めにむいて薄切りにしたかぼちゃ、水、ごはん、コンソメ、ローリエを入れ沸騰したらアク取りし、弱火で柔らかくなるまで煮ます。

❷①の荒熱を取りローリエを取り出してミキサーにかけます。

❸裏ごしして鍋に戻し牛乳を入れて火にかけ、塩、コショウで味を調え、生クリームを入れて器に注ぎ、パセリを散らします。

疲れた体を癒やす食材で

さつまいもはでんぷん質とビタミンB1やCが豊かで疲労回復に役立ちます。かぼちゃに含まれる糖質は、他の食品に比べて消化吸収が良いのが特長。長いもは精力増進に効果があるといわれます。それぞれおいしさと栄養を兼ね備えた食材で、スープにして胃に負担をかけずにいただきます。

冷やしとろろスープ

■材料（4人分）

A長いも150g　Bスープ2 1/2カップ、豆乳1/2カップ、塩小さじ1/2、コショウ少々　Cパセリのみじん切り

■作り方

①長いもは皮をむいて酢水にさらしてアク抜きし、すりおろしておきます。
②スープを煮立てて味付けし、豆乳を加えて冷まし、①に加え伸ばします。
③②を冷たくして器に注ぎ、パセリを散らしてすすめます。

加賀野菜でつくるおやつ

子どもたちは大よろこび

打木赤皮甘栗かぼちゃのココナッツプリン

手間がかかりますが、かわいらしいかぼちゃの中にココナッツプリンを入れれば、子どもたちは大よろこびです。

■材料（4人分）

A 打木赤皮甘栗かぼちゃ250g、卵3個、卵黄1個分、砂糖60g、牛乳150cc、ココナッツミルク150cc、ラム酒少々
B 打木赤皮甘栗かぼちゃ1個

■作り方

❶丸のかぼちゃの頭を切り取り、種を取り出して柔らかく蒸します。
❷Aのかぼちゃは皮をむき、種を取り、電子レンジで加熱し、裏ごししてから卵、卵黄と混ぜ合わせ、ラム酒を入れます。
❸鍋に牛乳、ココナッツミルク、砂糖を入れて人肌位に温め、②と混ぜ合わせ、①のかぼちゃに流し入れて、30～35分中火から弱火で蒸し、冷やしてすすめます。

夏のおやつにおすすめ

加賀太きゅうり入りのワインゼリー

体を冷やす効果がある太きゅうりをひんやりしたワインゼリーにして食べます。

■材料（4人分）

A 加賀太きゅうり$1/2$〜$1/3$本、ミント4本 B 水360cc、白ワイン120cc、砂糖60〜80g、ゼラチン10〜12g、レモン汁少々 C ヨーグルト好み

■作り方

① 太きゅうりは皮をむいて1・5cm角に切り、ゆでて柔らかくなったら、しばらく水にさらします。

② 鍋にBの水、砂糖を入れ火にかけ、沸騰したら①を入れてしばらく煮て火を止め、戻したゼラチンを入れてとかし、ワインを入れて容器に注ぎ冷やし固めます（煮詰まると甘く、固くなるので注意します）。

③ ミントを添え、好みでヨーグルトをソースに添えます。

甘みの強い五郎島金時で

金時いもとリンゴの甘ずっパイ

さつまいもの甘みとリンゴの酸っぱさのハーモニーがおいしい。

■材料（4人分）

Aパイシート8㎝角8枚 Bさつまいも400g、砂糖60g、バター20g、塩ひとつまみ、卵黄1個分、バニラエッセンス・生クリーム各少々 Cりんご1/2個、砂糖大さじ1～2、白ワイン・水各大さじ2、レモン汁少々 D卵適量

■作り方

①パイシートを10～12㎝角位までのばしておきます。
②りんごは厚めのいちょう切りにし、Cで汁気がなくなるまで煮ます。
③さつまいもは厚めに皮をむき水にさらし、2㎝のさいの目に切ってゆで、柔らかくなれば汁気を切って砂糖、バターを加えて練り上げ、仕上げに卵黄、バニラエッセンス、生クリームを加えて味を調え、②を加えて8個のボールに丸めます。
④①で③を包み、とき卵を塗って、200℃のオーブンで12～15分焼き上げます。

皮をやぶらないようにする

ぽこぽこポテトインチーズ

クリームチーズが入ったスイートポテトです。さつまいもの形を残して楽しく仕上げます。

■材料（４人分）

Aさつまいも400g、砂糖20〜30g、バター15g、生クリーム30g、クリームチーズ100g、ラム酒・塩各少々　B卵1個

■作り方

①さつまいもはアルミ箔に包んで200℃のオーブンで30分焼き、縦半分に切って皮をやぶらないように身を取り出します。

②熱いうちに、砂糖、バター、生クリーム、塩を入れて練り上げ、ラム酒を加えます。

③②の1/2量を①の皮のケースに入れ、さいの目切りのクリームチーズをのせ、さらに残りの②を入れて表面をなめらかにし、Bをぬり220〜230℃のオーブンで焼き色が付くまで8〜10分焼きます。

おとなも子どもも大好き

おいも畑のパリッと揚げ

おなじみの大学ポテトです。じろ飴を用いてつやを出します。

■材料（４人分）

Aさつまいも350g、揚げ油適量　B砂糖30g、じろ飴大さじ5、水1/4カップ、濃口醤油小さじ1、レモン汁大さじ1〜2　C炒りごま適量

■作り方

①さつまいもは乱切りにしふっくらと膨らみ薄く焼き色がつくまで、170℃位の油でゆっくり揚げます。

②Bを合わせて火にかけ、煮立ったら弱火にし、①の揚げたてを入れてから、ごまを振り器に盛ります。

上品な甘さ

五郎島金時黄金くずし

三歳未満の小さい子でも食べやすく、甘さの加減もしてあげられます。

■材料（４人分）

Aさつまいも300g　B砂糖大さじ4〜5、塩少々、飴お好み

■作り方

①さつまいもは皮を厚めにむいて適宜に切り、水にさらしておきます。

②鍋に①とひたひたにつかる位の水を入れ、煮立ってくれば砂糖、塩を入れ、さつまいもが柔らかくなるまでかき混ぜながら含め煮にします。

③仕上げに、飴を加え味を調えます。

季節の材料で作るじぶ料理

子どもたちが喜ぶステーキ仕立て

じぶステーキ

小麦粉をまぶした鴨肉をフライパンで焼き、じぶをステーキ仕立てにします。松茸やさといもも合わせて季節感あふれる味覚を満喫する料理です。

春を運ぶ食材でじぶを

たけのことふきの春じぶ煮

じぶ煮は鴨猟が解禁になる晩秋から冬のものですが、その時々の季節の食材でじぶ煮を作る楽しみもあります。たけのことふき、そして鰆の字に表されるように春を運ぶ魚であるさわらを使ってみました。

■材料（4人分）

A さわら120g、すだれ麩1枚、生麩4枚、たけのこ80g、生椎茸4枚、ふき1本、花麩4切 B 薄口醤油・濃口醤油・みりん・酒各大さじ2、砂糖大さじ1/2〜1、だし汁2 1/2カップ強 C 小麦粉・わさび各適宜

■作り方

❶さわらはそぎ切りにします。すだれ麩は適宜に切り、ゆでておきます。生椎茸は飾り包丁を。ふきはゆで、水に取って皮をむき、3cmに切ります。下ゆでしたたけのこは7〜8mmの薄切りにします。

❷鍋にBの調味料を入れて火にかけ、煮立ったらすだれ麩、生麩、たけのこ、花麩、椎茸、ふきを入れて煮、いったん引き上げます。

❸さわらに小麦粉をまぶして、②に入れて煮、火が通れば引き上げます。

❹器に②、③を盛ります。

❺③の煮汁に水ときの小麦粉で濃度を調え、④にかけ、わさびを天盛りにします。

夏かきと加賀野菜のじぶ

かきの夏じぶ煮

夏に水揚げされる天然かきのうま味と加賀太きゅうり・金時草を合わせて、冷やしてもおいしいじぶ煮を作ります。

■材料（4人分）

A 夏かき4個、すだれ麩1枚、太きゅうり1/4本、生椎茸4枚、なす1個、金時草1/4束、トマト1/4個 B 薄口醤油・濃口醤油・みりん・酒各大さじ2、砂糖大さじ1/2〜1、だし汁2 1/2カップ強 C 小麦粉・わさび各適宜

■作り方

❶夏かきは殻を取り塩水で振り洗いしておきます。ゆでたすだれ麩は適宜に切り、太きゅうりは種を取って1cm位の半月に切り、色よくゆでておきます。生椎茸は飾り包丁を入れ、なすは一口大に切ります。金時草は葉を摘み、ゆでて整え3〜4cmに切ります。トマトは湯むきし、さいの目に切っておきます。

❷鍋にBの調味料を入れて火にかけ、煮立ったらすだれ麩、太きゅうり、椎茸、なすを入れて煮、いったん取り出します。

❸夏かきにたっぷりの小麦粉をまぶして②を入れて煮、火が通れば引き上げます。

❹器に②③を盛り金時草を添え、煮汁をかけ、トマトをのせ、わさびを天盛りにします（冷やしても美味しくいただけます）。

毎日食べたくなるごはん料理

春の息吹感じる

たけのこご飯

金澤では別所地区がたけのこの大産地です。その日の朝とれたものを使うと一段とおいしくなります。

■材料（4人分）

Aたけのこ(根元)80g、薄揚げ1/3枚、鶏肉80g、人参1/8本、みつば1/3把、木の芽8枚　B米2合、水適量　Cだし汁1 1/2カップ、醤油大さじ2 1/2、みりん大さじ1 1/2

■作り方

❶たけのこは根元の硬い部分を色紙切りにし、薄揚げは湯で油抜きして短冊切り、鶏肉は1～2㎝角に切り、人参は短冊切り、みつばは1㎝長さに切ります。

❷鍋にCのだし汁、調味料を入れて火にかけ、沸騰したらみつば以外の①の材料を入れて煮含めます。

❸炊飯器に洗った米と②の煮汁を入れ、2合のメモリに足りない分の水を足して、②の具材を上にのせて炊飯します。

❹炊き上がればみつばを混ぜ合わせて碗に盛り、木の芽を天盛りにします。

見た目も楽しい

えんどうの炊きおこわ

えんどう豆の素朴な味わいをいかしたおこわです。

■材料（4人分）

Aえんどうむき身60g、塩小さじ1、酒・みりん各大さじ1、水2カップ　Bもち米3合

■作り方

❶もち米は洗っておきます。

❷えんどうはさやから身を取り出します。

❸鍋にAの水、塩を入れて火にかけ、沸騰したら②をゆでます。

❹①のもち米、③のゆで汁、酒、みりんを炊飯器に入れ、3合のおこわメモリまで水を足してしばらくおき炊飯します。

❺炊き上がれば器に盛り、えんどうを散らします。

秋の味覚を集めて

吹き寄せおこわ

松茸をはじめとした秋の味覚と金澤らしい生もみじ麸をあしらい秋の風情を演出します。

■**材料（4人分）**

A 松茸1本、れんこん100g、栗8個、生もみじ麸スライス8枚、ぎんなん12粒 B だし汁1カップ、醤油大さじ2、みりん・酒各大さじ1 C もち米2合

■**作り方**

❶もち米を5～6時間水につけ、水気を切り蒸し器で30～40分蒸します。

❷れんこんは皮をむいてイチョウ切り、松茸は塩水でごみを拭き取り石突をそぎ落として食べやすく切ります。栗は殻をむき、鬼皮をむいてBのだし汁、調味料で火の通り難い順に入れて煮、仕上げにもみじ麸を加えます。

❸ぎんなんはゆでておきます。

❹①をボールに移して②の煮汁を混ぜ合わせて器に盛り、松茸、れんこん、栗、もみじ麸、ぎんなんをのせ、再度蒸して温めます。

海の幸と野の幸合わせ

源助だいこんとあさりの炊き込みご飯

甘みの強い源助だいこんならではのあじわいある炊き込みごはんです。

■材料（4人分）

A源助だいこん4㎝長さ、あさり1袋、だいこん葉適量　B米3合、水2カップ、昆布7㎝角1枚、薄口醤油大さじ1、塩小さじ1/2、みりん大さじ1 1/2

■作り方

①源助だいこんは皮をむいて短冊切りにします。
②Bの水、昆布を鍋に入れて火にかけ、途中あさりを入れて口が開くまで煮、あさりを取り出して①、Bの塩、薄口醤油、みりんを入れて煮ます。
③あさりは身を殻から外しておきます。
④炊飯器に洗った米を入れ、②の煮汁を加え3合のメモリまで水を足し、②のだいこんを入れて炊飯します。
⑤炊き上がればあさりの身を入れて蒸らし、ゆでて細かく刻んだだいこんの葉を散らして碗に盛ります。

ほっと気持ちがほぐれる汁物

あっさり感がうれしい

赤ずいきと厚揚げの味噌汁

疲れをいやす効果があるといわれるずいきと大豆タンパクの油揚げの取り合わせ。

■**材料（4人分）**

A赤ずいき50g、厚揚げ1/6枚　Bだし汁4カップ、味噌40g

■**作り方**

①ずいきはアク抜きしておきます。

※アク抜きは（P52参照）

②だし汁に短冊切りにした揚げを入れてよく煮、①を入れ味噌を入れて味を調え、椀に注ぎます。

新鮮野菜をあったかく

加賀野菜粕汁

秋風が冷たさを増すころに、体の芯から温まる粕汁。新鮮な加賀野菜がたっぷり入って栄養も満点です。

■**材料（4人分）**

Aさつまいも80g、れんこん80g、だいこん80g、人参30g、生椎茸2枚、ねぎ1/3本　Bだし汁5カップ、酒粕80～100g、味噌30g、七味唐辛子少々

■**作り方**

①細めのさつまいもは皮付きのまま1cmの輪切り、れんこん、だいこん、人参は厚めの半月切り、椎茸はいちょう切り、ねぎは1cmの斜め切りにします。

②だし汁に青ねぎ以外の材料を入れて火にかけ、沸騰したら火を弱めて上に浮くアクをすくいとり、野菜が柔らかくなるまで煮ます。

③Bの酒粕は手でちぎり、熱いだし汁につけてふやかすか、電子レンジに1分位かけて柔らかくし、味噌を混ぜます。

④②に③を入れて弱火で煮、火からおろす間際に青葱を加え一煮立ちさせ、好みで七味唐辛子を落とします。

これぞなつかしの味

くじらの皮の味噌汁

白い脂身に黒い皮がついているくじらの皮は、年配の方々にはふつうの食材でした。鯨食文化を楽しむ一品です。

■**材料（4人分）**

Aくじらの皮120g、ごぼう1/4本、ねぎ1/4本　Bだし汁4カップ、味噌約40g、練り辛子適量

■**作り方**

①くじらの皮は熱湯に通して表面をきれいに洗い、薄切りにして湯で柔らかくゆでて水にさらします。

②鍋にだし汁を熱し、くじら、笹がきごぼうを入れてしばらく煮、味噌をとき入れ味を調え、小口切りにしたねぎを入れて椀に注ぎます。

※好みで練り辛子を落としていただきます。

めっちゃくちゃ具だくさん

めった汁

根菜類に椎茸、そして豚肉と栄養たっぷりな汁物です。

■**材料（4人分）**

A豚肉80g、だいこん50g、人参30g、ごぼう1/4本、こんにゃく1/4枚、さといも2個、椎茸2枚、ねぎ1/4本　Bだし汁4カップ、味噌35g

■**作り方**

①豚肉は食べやすい大きさに切ります。

②だいこん、人参、椎茸はいちょう切り、さといもはいちょうまたは半月切り、ごぼうは斜め切りにし水に取ります。

③こんにゃくは板ずりにしてゆで、適宜に切ります。

④鍋にだし汁を煮たて①～③の材料を入れてアク取りをし野菜が柔らかくなるまで煮ます。

⑤④に味噌をとき入れ味を調えて、ねぎの斜め切りを入れ椀に注ぎます。

赤ずいきと油揚げの味噌汁
くじらの皮の味噌汁
加賀野菜粕汁
めった汁

秋の味覚、栗、丸いも料理

つるっとした食感

丸いものお団子汁

加賀丸いもは粘りが強いので団子にするのがかんたんです。

■材料（4人分）

A 丸いも50g、セリ少々　B だし汁4カップ、塩小さじ1/2、薄口醤油少々

■作り方

① 丸いもは目の細かいおろし金ですりおろしよくかき混ぜておきます。

② だし汁を熱して①をスプーンですくい落とし入れながら火を通し、味を調えてせりを入れた椀に注ぎます。

※味噌味で仕上げてもおいしい。

※丸いもは皮をむき、酢少々落とした水にしばらくつけて使用します。

ぬめりを洗い流して

丸いもと鶏肉の煮物

丸いもは長いもなど他の山いも類より堅いのでしっかりゆでましょう。

■材料（4人分）
A丸いも1/4個、鶏もも肉1枚、青味　Bだし汁2カップ、醤油大さじ3、酒・みりん各大さじ2、砂糖大さじ1　C柚子皮適量

■作り方
❶鶏肉は1枚を8つに切り、霜降りします。
❷丸いもは適宜に切ってから塩でこすり、ぬめりを水で洗い流し、一度ゆでこぼしておきます。
❸鍋にBのだし汁、酒、砂糖、②を入れて火にかけ、沸騰したら鶏肉を入れて弱火でしばらく煮、みりん、醤油を入れてさらに弱火で煮含めます。
❹器に盛り、煮汁をかけ、ゆでた青味を添え柚子の千切りを上にあしらいます。

栄養価高く疲労回復に

丸いもコロッケ

ぎんなんや椎茸など秋の味覚を加えます。

■材料（4人分）
A丸いも150g、白玉粉20g、水20cc、塩・砂糖・コショウ各少々　Bむきえび50g、塩少々、ぎんなん8個、生椎茸2枚　C小麦粉・卵水・パン粉・揚げ油各適量、ブロッコリー

■作り方
❶丸いもは適当な大きさに切り、蒸して裏ごしします。
❷白玉粉は分量の水でよく練り、①と充分混ぜ合わせ味を調えておきます。
❸むきえびは適宜に切り塩を振っておき、ぎんなんは殻を取りゆでて薄皮も取ります。椎茸は粗みじん切りにしすべてを②に混ぜ合わせ、8等分にします。
❹③とブロッコリーに小麦粉、卵水、パン粉をつけて170℃の油でこんがりと揚げ好みのソースでいただきます。

甘みを味わう

栗と鶏肉の煮物

焼き甘栗しか食べたことがない人が多いと思います。おいしく煮ましょう。

■材料（4人分）
A鶏もも肉200g、栗12個、絹さや12枚　Bだし汁2カップ、くちなし1/2個、薄口醤油大さじ2、塩小さじ1/3、酒・みりん各大さじ2、じろ飴大さじ1

■作り方
❶鶏肉は8個に切り熱湯に入れ色が変われば水に取り、栗は鬼皮をむいて渋皮をむき、絹さやはゆでておきます。
❷鍋にBのだし汁、ガーゼに包んだくちなし、酒、砂糖、塩、薄口醤油を入れ火にかけ沸騰したら①を入れ、弱火で煮含め、飴を入れて仕上げます。
❸器に盛り、絹さやを添えます。

お麩を使った料理のいろいろ

ひと工夫したおかず

生麩の肉巻き すき焼き風

麩だけだとあっさりしすぎだと思ったら、牛肉をうまく使ってみます。

■**材料（4人分）**

A牛もも肉（薄切り）8枚（300g）、片栗粉少々 B生麩200g、糸こんにゃく250g、ねぎ1本 Cだし汁2 1/2カップ、醤油大さじ3～4、砂糖大さじ1～1 1/2、みりん・酒各大さじ2

■**作り方**

①生麩は適宜に切ります。

②糸こんにゃくはゆでておきます。ねぎは3～4㎝長さに切ります。

③牛肉を広げて生麩を巻き、ごく薄く片栗粉をまぶします。

④鍋に油少量を熱し、③の表面をサッと焼きCの調味料を入れ煮立てます。糸こんにゃくを入れて落し蓋をして5～6分位煮、焼きねぎを加えてしばらく煮て仕上げます。

⑤肉巻きを適宜に切って器に盛り、ねぎを添え煮汁をかけて、好みで粉山椒をかけてすすめます。

おやつ感覚でつくる

生麸田楽、くるみ味噌

ふいのお客様のおもてなしに生麸を焼けば簡単に出来ます。

■材料（4人分）

A生麸（よもぎ・粟）各1本　Bくるみ味噌（甘口・辛口）各適量、木の芽

■作り方

❶生麸は適宜に切り、フライパンで両面こんがりと焼いておきます。

❷①にくるみ味噌、木の芽をのせていただきます。（お取り寄せP149参照）

昔ながらの麩料理

車麩の卵とじ

台所につるしてあった車麩が懐かしくなる味わいです。

■材料（4人分）

A車麩（2㎝厚さ）4枚、玉ねぎ1/2個、青味1/2束、卵4個　Bだし汁2～2 1/2カップ、醤油大さじ1 1/2、酒・みりん各大さじ2、塩小さじ1/2、砂糖小さじ1

■作り方

❶車麩は水に浸けて戻しておきます。

❷鍋にBの調味料を煮立て薄切りの玉ねぎ、水気を切った車麩を入れて煮ます。

❸②に卵を落とし入れ、蓋をして好みの固さに仕上げ、細かく刻んだ青味を散らして器に盛ります。

体にやさしい

生麩の豆乳仕立て

ほっとするような温かみとしつこさのない味わいが魅力です。

■**材料（4人分）**

A水1 1/2カップ、顆粒スープの素小さじ1、豆乳1 1/2カップ、塩・コショウ各少々　B生麩1㎝厚さ4枚

■**作り方**

❶生麩はフライパンで焼くかサッとゆでて、1㎝の角切りにします。

❷鍋に水とスープの素、豆乳を加えて温め、塩、コショウで味を調え、①を入れた器に注ぎます。

冷たい生麩を

しっとり和風パフェ

カロリーを抑えぎみにしたパフェで冷たくやわらかな生麩の食べ心地は抜群です。

■**材料（4人分）**

A生麩（よもぎ）1㎝厚さ8枚、つぶあん80g、ヨーグルト大さじ4、抹茶アイス、ミント

■**作り方**

❶生麩はゆでるか、フライパンで焼き冷ましておきます。

❷器に①と他の材料を盛り合わせ、ミントをあしらいます。

七草粥　無病息災を祈る心でつくる

「なんなん七草　なずな　唐土の鳥が　日本の土地に渡らぬ先に……」

一月六日から七日の朝方にかけて、金沢市尾山町の大友楼では、古式豊かな七草の行事を行い、今に伝えています。裃姿の主が土間にしいたむしろに座り、裏返しにした粉ひき桶の上にまな板を乗せて、その上で包丁や火吹き竹など台所の七つ道具を使って七草をたたきます。トントントン、粉ひき桶にこもった音色のリズムに乗って歌う主の声が響くと、加賀料理の伝統に生きる大友楼では、いにしえの世へさかのぼったように感じられます。

一月七日は五節句の一つ「人日」です。七草粥を食べることから「七草の節句」とも呼ばれました。

せり、なずな、すずな、すずしろ、ごぎょう、はこべら、ほとけのざ。昔の人は、海の向こうの唐土から「ちん」という渡り鳥がやってきて、家の上から疫病を落としていくと信じ、七草粥で予防を考えたといわれます。一家の主は、家族の無病息災を心から念じて七草の行事を執り行ったのでしょう。そういう気持ちをもって家族みんなでいただきたい七草粥です。

春が旬の魚を食卓へ

鯛一尾を使って

五月鯛

鯛の昆布じめ（鯛まい）
鯛のあら炊き
鯛の手毬蒸し
小鯛の味噌汁
鯛皮の和え物

昆布のうま味を加えた刺身
鯛の昆布じめ（鯛まい）

■**材料（4人分）**
A鯛1尾、塩 B広板昆布適量、酒、酢

■**作り方**
①鯛は三枚におろして中骨を抜き、皮を引き、薄くそぎ切りにして塩を少々振ります。
②昆布は汚れを拭き取り、酒、酢で表面を拭いておき、①の鯛を並べて巻きラップに包んで「巻きす」で包み、輪ゴムで止めて軽い押しをして1日おきます。

熱湯にくぐらせ、アクとりも
小鯛の味噌汁

■**材料（4人分）**
A小鯛4尾、ねぎ1/4本 B水5カップ、だし昆布10㎝角1枚、酒大さじ2、味噌40g

■**作り方**
①小鯛はうろこ、ワタを取り、熱湯にサッとくぐらせ、冷水に取ります。
②昆布を入れた水に①を入れ、煮立ち始めたらアクを取りながら煮て火を通し味噌を入れ味を調えます。
③椀に小鯛を入れ汁を注ぎ、ねぎの小口切りを放します。

お魚好きにうってつけ
鯛のあら炊き

■**材料（4人分）**
A鯛の頭・かま1尾分、ごぼう2本 B水適量、酒・みりん1/4カップ強、醤油1/4カップ弱 C木の芽

■**作り方**
①鯛の頭は適宜に切り、少量ずつ熱湯に通し氷水にとり（霜降り）、洗ってうろこや汚れをていねいに取り、水気を切っておきます。
②ごぼうは洗って適宜に切ります。
③水、酒を煮立て①、②を入れて弱火で15分ほど煮た後、濃口醤油、みりんを加えつやよく煮、味をみて仕上げます。
④器に③を盛り、木の芽を天盛りにします。

くずあんでいただく
鯛の手毬《まり》蒸し

■**材料（4人分）**
A鯛4切、塩・酒各適量 B卯の花120g C人参15g、きくらげ小1枚、ごぼう20g、れんこんまたはたけのこ、麻種適量、ぎんなん4粒、卵1/2個 D濃口醤油・薄口醤油各大さじ1～1 1/2、砂糖大さじ2～3、酒・みりん各大さじ1、だし汁1/3～1/2カップ弱、サラダ油大さじ1/2 Eだし汁1カップ、塩・薄口醤油各少々、水ときくず粉大さじ1 F木の芽、オクラ4本

■**作り方**
①鯛の切り身は観音開きにし、軽く塩、酒を振っておきます。
②Cの野菜を千切りにしサラダ油でサッと炒め、Dで下煮します。
③卯の花を乾煎りし、②を加えて味を調え、ぎんなん、麻種を加え、溶き卵を混ぜ4個の手毬にします。
④③を①でくるみ、蒸気の上がった蒸し器に入れ15～20分蒸します。
⑤オクラは塩みがきしてゆでておきます。
⑥Eのだし汁に濃い目の吸い物味をつけ、水溶きくず粉でくずあんをつくり、蒸し上がった④にかけ、木の芽をのせ⑤を添えます。

味わい深さきわまる
鯛皮の和え物

■**材料（4人分）**
A鯛の皮1尾分 Bきゅうり1本、紅たで C酢大さじ2 1/2、だし汁大さじ2、砂糖小さじ2、塩小さじ1/3、薄口醤油少々

■**作り方**
①鯛の皮はサッとお湯にくぐらせて、氷水に取り、水気を切って千切りにします。
②きゅうりは縦半分に切り、斜め薄切りにして、塩を振りしんなりすれば洗って絞ります。
③①、②をCで和えて味を調え、紅たでを天盛りにします。

じわもん料理の心

豪華なふるまい料理

九谷の大皿に盛られた鯛の唐蒸しこそ、加賀百万石の城下町にふさわしい豪華な行事食です。

婚礼の際、嫁方からお道具やお酒の柳樽とともに持参する大鯛を、婿方で調理します。宴たけなわのころを見計らって豪勢な祝い肴を披露し、出席者にふるまうことで興を一段と盛り上げるのが鯛の唐蒸しです。二匹の大鯛を腹合わせにして乗せる盛り付けは、にらみ鯛、鶴亀鯛と呼ばれます。鯛のお腹にはたっぷりと卯の花を詰め込み、子宝にめぐまれるよう縁起をかつぐ料理です。

かつては祝い事や祭礼の時にこの唐蒸しを作るしきたりをもつ家がたくさんありました。また商家では、十二月の恵比寿講で、商売の神様であるえびす大黒に供えた大鯛のお下がりを使って唐蒸しをつくり、店の者にふるまうしきたりを受け継ぐところもあると聞きます。

鯛の唐蒸し

新鮮な鰯を使って

鰯のぬた

わけぎはさっとゆでて、しゃきしゃき感を残します。とき辛子の量はお好みの辛さに調整してください。

■材料（4人分）

A鰯（刺身用）2尾、塩・酢各適量、わけぎ1/2把　B白味噌大さじ3、酢大さじ1、とき辛子小さじ1、砂糖小さじ1～1 1/2、薄口醤油・だし汁各少々

■作り方

❶鰯は三枚におろして強めに塩を両面に振り、1時間位おきます。水洗いして水気を拭き、酢に10分ほど漬けて皮をむき、細造りにします。

❷わけぎはゆでてザルに上げて冷まし、2㎝に切ります。

❸Bの辛子酢味噌を合わせ①、②を和えます。

味がいいからアジ

しめ鯵の卯の花かけ

おからはさらさらになるまで、よく煎ったほうがおいしくなります。

■材料（4人分）

A鯵（刺身用）2尾、塩・酢各適量、木の芽4枚　Bおから2/3カップ　C酢・だし汁各大さじ4、砂糖小さじ4、塩小さじ2/3

■作り方

❶鯵は三枚に卸して中骨を抜き、強めの塩を両面に振り1時間位置きます。水洗いして水気を拭き、酢に15分ほど漬けて皮をむき、細造りにします。

❷Bを鍋に入れて空炒りし、Cの調味料で味付けして冷まし①にかけて盛り、木の芽をあしらいます。

小いわしなら骨ごと食べられる

鰯の塩炒り

塩と酒だけで鰯のうまみをひきだす一品です。

■材料（4人分）

A鰯（中羽）8尾（または小いわし）　B水3/4～1カップ、塩小さじ1、酒大さじ2～3　C生姜・酢各適量

■作り方

①鰯は、頭、内臓を取り除き、きれいに洗います。
②浅鍋にBの調味料を入れて煮立て、魚を入れて10～12分程煮ます。
※煮汁を除いて、もう一度弱火にかけてサッと炒りつけることもあります。
③魚を皿に盛りおろし生姜を添え、木の芽を天盛りにし、好みで酢をかけていただきます

すり身でカルシウムたっぷり

鰯のつみいれ鍋

鰯は骨ごとたたいて骨があたらなくなるまで、よくすります。生姜で鰯のくさみも消え、カルシウムをたっぷりとれます。

■材料（4人分）

A鰯8尾、ねぎ1/4本、生姜20g、酒大さじ3、片栗粉大さじ2、味噌大さじ3　Bだいこん1/6本、人参1/4本、ごぼう1本、春雨50g、生よもぎ麩4枚、椎茸4枚、えのき茸1パック、春菊1/2把、ねぎ1本、わかめ好み　C昆布だし10カップ、塩大さじ1、酒大さじ3、みりん大さじ1～2、薄口醤油大さじ2　D七味唐辛子好み、ねぎ1/3本

■作り方

①鰯は頭、内臓を取り水洗いし、手で裂き中骨を取り除き、皮を外して包丁で細かく叩いてすり鉢に移します。
②①にねぎのみじん切り、生姜のすりおろしを混ぜ合わせて、酒、味噌で調味し、片栗粉を混ぜ合せます。
③大根は1㎝厚さの半月切り、人参は飾り包丁を入れて切り、白菜はそぎ切り、椎茸は表面に飾り包丁を入れ、えのき茸は食べやすく切り、ねぎは斜め切り、春雨は水に漬けて戻し、よもぎ麩は1㎝厚さに切り、ごぼうは長い笹がきにして水にさらし、春菊は葉を摘みそろえます。
④Dねぎの小口切り、七味唐辛子とともに薬味を用意します。
⑤鍋にCの昆布だしを入れ火にかけ、沸騰したら調味料を入れて味付けします。
⑥⑤に②を団子にして入れ、野菜を入れて、煮ながら、④の薬味とともにいただきます。

食欲を盛り立てる夏の魚料理

香りも味わう

鮎の塩焼き

夏の使者ともいえる鮎という魚がもつ澄んだ香りや上品なほろ苦さを味わうにはやはり塩焼きが一番です。

中骨の歯ざわり楽しむ

鮎のそろばん

取り出した内臓に塩をふり味をなじませて保存すると「うるか」ができます。

■材料（4人分）

A活鮎4尾、大根おろし1カップ、みょうがだけ

B〈三杯酢〉酢大さじ3 1/2、砂糖大さじ2、塩小さじ1/2、薄口醤油小さじ1、旨味調味料少々

■作り方

❶活鮎は頭を取り内臓をつぼ抜きし洗ってつつ切りにし、氷水の流水で振り洗いします。

❷大根おろしの汁気を軽く切り、①の鮎を加え、三杯酢で調味し、天盛りにみょうがだけの千切りをあしらいます。

素焼きしてから煮る
鮎の甘露煮

鮎はそのまま煮ずにまず素焼きをします。煮た後で飴を使い、食欲をそそる照り具合に仕上げます。

レモンを添えてさわやかに
鮎の天ぷら

あっさりしたおいしさが魅力の鮎を天ぷらにします。レモンを添えてさわやかな味をひきたてます。

■**材料（4人分）**

A 鮎4尾、青じそ4枚 B〈衣〉卵1/4個、冷水2/3〜1カップ、薄力粉1カップ弱 C レモン4切れ、タデの葉

■**作り方**

❶鮎は塩みがきし、きれいに洗って水気をふき、開き、2％の塩水に浸けておきます。
❷卵をとき、冷水を加えて混ぜてふるった小麦粉の中に軽く混ぜ合わせて衣を作ります。
❸①の水気をふき、衣を付けて180℃の油でカラリと揚げます。青じそも裏側に衣をつけ揚げておきます。
❹③を盛り合わせ、レモンを添えてすすめます。

笹の葉使い涼しげに
鮎の塩釜焼き

卵白に塩を含ませるのが作り方のこつです。香魚とも呼ばれる鮎の味が引き立ちます

■**材料（4人分）**

A 鮎4尾、笹8枚、レモン B 卵白4個分、あら塩100g

■**作り方**

❶鮎は塩みがきして洗い、水気を拭き、笹の葉で包みます。
❷卵白を固く泡立て、塩を少しずつ入れてさらによく泡立てます。
❸オーブンシートを敷いた天板に、鮎が置けるだけの広さで②をひろげ、①をのせ、残りの②で覆うようにかぶせておきます。
❹180〜190℃のオーブンで20分位焼きます。
❺レモン汁をふり、いただきます。

手軽でおいしい初夏の一品

いかのバターソテー

夏の海の沖合いに並ぶいか釣り船の漁火は、石川県の夏の風物詩です。獲れるいかの8割がするめいかで、店頭にたくさん出まわる旬の魚を手軽な料理でいただきます。

■材料（4人分）

A するめいか4杯、にんにく1かけ、サラダ油・バター各適量、塩・醤油各少々　B レモン、粒マスタード、青じそ4枚

■作り方

❶いかは足、ワタを抜き、軟骨を取り除いて、きれいに洗って輪切り、足は4つに切ります。

❷フライパンにサラダ油を入れ、薄切りのにんにくをとろ火で炒め、水気をふいたいかを加えて火が通るまで強火で手早く炒め仕上げにバター、塩、醤油で味を調えます。

❸いかを盛り青じその千切りを散らし、レモンを絞り好みで粒マスタードをつけていただきます。

おからといろんな具を詰め込む

いかの鉄砲焼き

地域によってさまざまな鉄砲焼きがありますが、おからを主体にして多種の具を詰め込むのがおいしさの秘訣。

■材料（4人分）

Aするめいか2杯 Bおから1～1 1/2カップ、人参30g、干し椎茸2枚、きくらげ1/2枚、ごぼう1/3本、いんげん8本 Cごま油大さじ1～2、酒大さじ1、だし汁1/2～2/3カップ、醤油大さじ1～2、酒大さじ2、砂糖大さじ1 1/2～2、塩少々 D水1/3カップ、砂糖・みりん各大さじ2、酒大さじ3、醤油大さじ2 1/2、水とき片栗粉少々

■作り方

❶いかはワタを取り出し、水洗いして水気を拭き、足は細かくきざみます。

❷ごぼうは笹がき、人参、戻した干し椎茸、きくらげは千切り、いんげんは斜め千切りにします。

❸鍋にごま油を入れ火にかけ、②の野菜と①のきざんだ足を炒め、Cのだし汁、調味料を入れしばらく煮ます。

❹フライパンでおからを乾煎し、③の具と調味料を混ぜ合わせて味を調えます。

❺いかの胴に冷ました④を詰め、口を楊枝で止めます。

❻フライパンに⑤を入れDの調味料を入れて蓋をして蒸し焼きにし、煮汁をからめます。

❼フライパンの煮汁に片栗粉の水ときを流し入れ、少しとろみをつけておきます。

❽食べやすい厚さに切り、⑦のとろみの煮汁をつやよく塗り、皿に盛ります。

ねじらがれいと呼ばれる舌平目

ねじらがれいの冷製

香味野菜入りのスープでゆでることで、魚のくさみを取り除きます。

■材料（4人分）

Aねじらがれい（夏がれい）4枚、塩・コショウ各少々、コンスターチ適量、香味野菜　Bマヨネーズ1/2カップ、ゆで汁1/2カップ、塩・コショウ各少々、生クリーム大さじ2　Cパプリカ1/4個、フレンチドレッシング少々、ゆで卵の黄身2個、パセリのみじん切り　Dアスパラガス4本

■作り方

❶ねじらがれいは皮をむいて頭、ひれを取り、塩、コショウを振り、コンスターチをまぶして香味野菜入りのスープでゆで、冷まします。

❷①のゆで汁にマヨネーズを混ぜて塩、コショウで調味し、泡立てた生クリームを混ぜ合わせます。

❸パプリカは皮をむいてさいの目に切りフレンチドレッシングを混ぜ合わせておきます。

❹皿に①の魚を盛り、②のマヨネーズクリーム、ゆで卵の黄身の裏ごし、③のパプリカを上にのせ、パセリを散らし、ゆでたアスパラガスを添えます。

舌平目の定番ムニエルにひと工夫

ねじらがれいのアスパラ巻き フレッシュトマトのソース

真夏の太陽をあびた真っ赤なトマトのソースでさっぱりとした口当たりに仕上げます。

■材料（4人分）

Aねじらがれい4枚、塩・コショウ各少々、小麦粉・バター・サラダ油各適量、アスパラガス8本、白ワイン適量　Bトマト小2個、ガーリックパウダー少々、オリーブ油大さじ3、塩小さじ1/3、コショウ・レモン汁各少々、玉葱1/2個　Cディール少々

■作り方

❶トマトは皮をむき、あられ切りにし、ガーリックパウダー、オリーブ油、塩もみして水洗いした玉葱の薄切りを混ぜ合わせ、塩、コショウ、レモン汁で味を調え、冷蔵庫で味を馴染ませます。

❷ねじらがれいを三枚におろして塩、コショウし、ゆでて3等分に切ったアスパラガスを巻き、薄く小麦粉をはたいてサラダ油、バターで焼き、ワインを振り火を通します。

❸お皿に②を盛り、①をかけ、ディールをあしらいます。

比較的くせのない口細かれい

かれいの唐揚げ

ヒレもパリパリとおいしくいただけます。身と骨を分けて揚げ、骨せんべいとしてもいいですね。

■材料（4人分）

A口細かれい4枚、塩・片栗粉各適量、揚げ油　Bごぼう、春雨20g、大葉4枚、片栗粉・卵白各少々　Cレモン4切れ

■作り方

❶かれいはうろこ、ワタ、エラを取り水洗いし、中心から骨に沿って身を開き、2％程度の塩水に15～30分程浸けておきます。

❷ごぼうは千切りにして、酢水にさらしておきます。

❸大葉は片栗粉と卵白を付けて油で揚げます。

❹春雨は素揚げし、かれい、ごぼうの千切りは片栗粉を薄くまぶして揚げます。

❺器に盛り、レモンのくし型を添えてすすめます。

特製ポン酢醬油で
こぞくらのたたき

冬の魚の王者がぶりなら、夏の魚はまだ出世していないこぞくらと言えるかもしれません。煮付け以外でもおいしくいただけます。

■材料（4人分）
Aこぞくら4尾　B生姜20g、大葉8枚、万能葱8本、だいこん5㎝　C水1/3カップ、醬油・みりん各大さじ2、酢・柑橘酢各大さじ1、かつお節適量

■作り方
❶こぞくらは三枚におろして、血合い骨を取り除き、皮を引き、細造りにして塩を少々振ります。
❷生姜はすりおろし、大葉は半分を千切り、万能葱は小口切りにし、だいこんは細く千切りにし、水にさらします。
❸Cの酢、柑橘酢以外を鍋に入れ火にかけ煮たったらかつお節を入れて火を止め、3分程おいてこし、酢、柑橘酢を入れて冷まします。
❹①のこぞくらに生姜、大葉、ねぎをからめて包丁でたたき香りを付け、こぞくらの頭、骨、だいこん、大葉と一緒に器に盛り③のポン酢醬油でいただきます。

こぶりな魚ならばこそ
こぞくらの唐揚

あっさりしていて食べやすい魚です。夏らしいひと品としてお出しします。

■材料（4人分）
Aこぞくら4尾、塩・片栗粉各適量、揚げ油　Bししとう8本、片栗粉・卵白各少々、Cレモン4切れ

■作り方
❶こぞくらはうろこを取り、背から開いてワタ、エラを取り水洗いし、2％程度の塩水に15～30分程浸けておきます。
❷ししとうは片栗粉と卵白を付けて油で揚げます。
❸①の水気をふき取り、片栗粉を薄くまぶし、低めの油でゆっくり揚げて器に盛り、②、レモンのくし型を添えます。

磯の香りを閉じ込めて

さざえの壺焼き

椎茸の風味が加わると、磯の香りがいっそう引き立ちます。

■材料（4人分）

A さざえ4個、生椎茸2枚またはえのき茸 B 酒・醤油各大さじ2、味噌小さじ1、みりん・砂糖各少々、バター好みで

■作り方

❶さざえは殻をきれいに洗い、しばらくふせて、蓋がゆるんだところで身を取り出します。

❷①の身を食べやすい大きさに切り、適宜に切った椎茸と一緒に殻に詰めます。

❸Bの調味料を混ぜ②にかけ、直火または200℃のオーブンで7～8分焼きます。好みでバターを落とします。

※生きたまま身が取り出せないときは殻のまま焼くか湯通しをして身を取り出しても良いでしょう。

こりこりした食感を楽しむ

さざえの刺身

ほろにがいワタ醤油でいただくのも、おつな味わいです

■材料（4人分）

A さざえ4個、みょうが4個 B 醤油またはポン酢醤油、わさび

■作り方

❶さざえは伏せてしばらくおきます。

❷蓋が少し浮いてきたところにナイフを差し入れ回して身を抜き、塩みがきして水洗いします。ワタの苦いところを取り、薄切りにします。

❸みょうがの千切りを添え、わさび、醤油またはポン酢醤油でいただきます。

※好みでワタをたたき、醤油にすりこんだワタ醤油でいただきます。

近海ものがおいしい秋の魚料理

脂がのった魚をあっさりと

柳八目の酒塩蒸し

柳八目は身がほぐれやすく、子どもにも食べやすい魚です。皿に盛るときは身がくずれないように気をつけて。

■材料（4人分）

A柳八目4尾、塩小さじ1、酒大さじ2、青ねぎ・生姜各少々 B薄口醤油・酒・みりん・コショウ各適量 C白ねぎ1/3本、レモンまたはすだち

■作り方

❶柳八目はうろこ、ワタ、エラを取り除き飾り包丁を入れておきます。

❷生姜、青ねぎのぶつ切りにAの調味料を入れて混ぜ合わせ、魚にからめてバットに並べ、15～20分蒸します。

❸②が蒸し上がれば魚を皿に盛り、蒸し汁は鍋にあけてBの調味料で味を調えて魚にかけ、水にさらした白髪ねぎをたっぷりのせ、レモンまたはすだちを添えてすすめます。

コラーゲンたっぷり
げんげんぼうのおつゆ

つるんとした食感がたまりません。コラーゲンを多く含むげんげんぼうは、女性の肌に嬉しい食材です。

■材料（4人分）
Aげんげんぼう2尾、ねぎ1/4本 Bだし昆布10cm角1枚、水4カップ、塩小さじ2/3、酒・薄口醤油各少々、旨味調味料

■作り方
❶げんげんぼうは頭とワタを除いてぶつ切りにし、霜降りします。
❷水に浸けただし昆布を鍋に入れて火にかけ、煮立ったら①を入れ、アクを丁寧に除いて調味し、小口切りの葱を放します。

ゼラチン質なくなり食べやすく
げんげんぼうの干物

干物にして焼くと、びらびらした部分がなくなり食べやすくなります

■材料（4人分）
Aげんげんぼう8尾、2.5%の塩水、だし昆布7cm角1枚

■作り方
❶げんげんぼうはだし昆布を入れた塩水につけて、一晩おきます。
❷串に刺して風通しのよいところで、2〜3日干します。またはザルに広げ冷蔵庫で乾燥しても味わえます。

えびの甘さきわだつ

甘えびのお刺身サラダ

生で食すのが一番おいしい甘えび。レモンとオリーブオイルでシンプルにいただきます。

■材料（4人分）

A甘えび20尾、塩・コショウ各少々　Bベビーリーフ1袋、玉ねぎ1/2個、サニーレタス2枚、セルフィーユ、レモンスライス　Cオリーブオイル

■作り方

❶甘えびは塩水で振り洗いして水気を切り、頭を残し身の殻をむき、塩、コショウを振っておきます。

❷玉ねぎは薄切りにし水にさらし、野菜は冷水でパリッとさせておきます。

❸①、②を盛り合わせ、セルフィーユを散らしオリーブオイル、レモン汁をかけていただきます。

甲羅をグラタン皿に

かにのグラタン

ポン酢でいただくことが多いかにですが、身とみそ、子を一緒にクリームソースでグラタンに。熱々をいただきたい贅沢な一品です。

■**材料（4人分）**

A甲箱がに（生）4杯　B玉ねぎ1/4個、サラダ油またはバター少々　C生クリーム1/2カップ、卵黄1個、マヨネーズ大さじ1～2、塩少々、ホワイトペッパー・パン粉各少々　Dパセリのみじん切り

■**作り方**

❶かにはゆでて甲羅をはずしみそと子、身を取り出してほぐします。

❷玉ねぎはみじん切りにしサラダ油またはバターで炒め、①を加え混ぜます。

❸Cを混ぜ合わせて塩、コショウで味を調えておきます。

❹かにの甲羅に②を入れ③をかけて200℃のオーブンで5～6分焼き、パセリのみじん切りを散らします。

（かにのゆで方P 121参照）

紅白の彩りも美しく

かにの源助だいこんみぞれ和え

だいこんの白に、かにの赤とせりの緑が映え、金澤の冬の味覚を代表する料理に仕上げました。

■**材料（4人分）**

Aかに（生）100g、源助だいこん250g、みつばまたはせり少々 B酢大さじ1 1/2、砂糖小さじ1〜2、塩小さじ1/2

■**作り方**

❶かにはゆでて身を出しておきます。

❷だいこんは皮をむき、すりおろして軽く汁気を切りBの調味料で味を調えます。

❸①、②を和えて器に盛り、みつばまたはせりを散らします。

毎年、解禁が待ち遠しい

かにの酢の物

＜かにのゆで方＞

かにが入る大鍋に湯を沸かし、3%程度の塩を加えてかにを裏返しに入れ途中アク取りをしながら15〜20分ゆでます。ザルに上げて腹上のまま冷まします。

胴の身は半分に割る。

足をはずす。

厚さを二枚に開き取り出す。

甲羅をはずし、外子、みそをはずして、甲羅に入れておく。

足は縦に割り身を出す。

「ふんどし」の部分は取り除く。

体をあたためてくれる冬の魚料理

たっぷりの野菜と一緒に

鰤のしゃぶしゃぶ

鰤はさっと湯にくぐらす程度で。火を通しすぎるとせっかくのうまみがなくなってしまいます。

■材料（4人分）

A鰤1/4本位、塩・酒各少々　Bだいこん・人参各1/6本、白菜2枚、ひら茸・えのき茸各1パック、ねぎ1本、豆腐（木綿）1丁、せりまたは春菊1/2把　C昆布だし10カップ、塩大さじ1、酒1/2カップ　Dポン酢醤油4人分、ごまたれ4人分　E万能ねぎ少々、もみじおろし適量、すだち2個

■作り方

❶だいこん・人参はピーラーで削り、白菜はそぎ切り、ひら茸、えのき茸は石突を取り食べやすく調え、ねぎは斜め切り、豆腐は12等分に切り、せりは5㎝長さに切ります。

❷鰤は薄くスライスしておきます。薬味の万能ねぎは小口切り、すだちは半分に切ります。

❸鍋にCの昆布だしを入れ火にかけ、沸騰したら塩、酒を入れておきます。

❹①、②を③の中で煮ながらポン酢醤油やごまたれとEの薬味でいただきます。

※鰤を薄く切る時は冷凍庫で軽く凍らせると切りやすくなります。鰤の皮もうろこがなければしゃぶしゃぶにするとおいしいです。

厚めの切り身で

鰤の和風ステーキ

にんにくをきかせバターで風味付けした鰤は、いつもの照り焼きとは違った趣きに。

■材料（4人分）

A鰤100g4切れ、塩・コショウ・小麦粉各少々、サラダ油・バター各適量　Bにんにく少々、だし汁・醤油各大さじ3、みりん・酒各大さじ2、バター大さじ2　Cしめじ1パック、バター・醤油各少々、レモン1/2個、クレソン4本　Dバター30g

■作り方

❶鰤は塩、コショウで下味を付け、薄く小麦粉をまぶして油を馴染ませたフライパンで焼きます。

❷しめじは石突を切り落とし、バターで炒め、醤油で調味しておきます。

❸Bのだし汁、調味料、すりおろしたにんにくを鍋に入れ火にかけ少し煮詰め、火を止めてバターを混ぜ合わせます。

❹①を皿に盛り、②、クレソンを付け合わせ鰤の上に③をかけDのバターをのせ、くし型のレモンを添えてすすめます。

鰤と相性のいいかぶら

鰤のブイヤベース風シチュー

鰤のうまみがかぶらやじゃがいもにしみ込んで、寒い冬にうれしいシチューになりました。

■**材料（4人分）**

A鰤4切れ、塩・コショウ各少々、小麦粉・サラダ油各適量　Bにんにく1かけ、玉ねぎ1/3個、かぶら1個、じゃがいも1個、人参1/2本、ブロッコリー小1株　Cオリーブ油大さじ2、白ワイン1/2カップ、スープ4カップ、あらごしトマト3/4カップ、サフラン少々、塩・コショウ各少々

■**作り方**

❶鰤の切り身は一口大に切り、塩、コショウで下味を付け、小麦粉をまぶして揚げ、じゃがいもも一口大にして揚げておきます。

❷Bのにんにく、玉ねぎはみじん切り、皮をむいた人参、かぶらはくし型切り、ブロッコリーは小房に分けてゆでておきます。

❸鍋にオリーブ油で、にんにく、玉ねぎをしんなりするまで炒めます。

❹③にあらごしトマト、水、ワイン、スープを入れてしばらく煮、こして鍋に移します。

❺④に塩、コショウで味を調えサフランを入れ人参、かぶらを加え柔らかくなったら鰤、じゃがいも、ブロッコリーを入れて温めます。

活きのよいものを

鰤の刺身

捨てるところがない鱈

鱈汁

身もアラも霜降りにするひと手間で、くさみが取れ一層おいしく。体の芯から温まる汁物です。

■材料（4人分）

A 鱈 身・頭・白子・あぶら（肝）など4人分、ねぎ1/3本 B 水6カップ、昆布10cm角1枚、醤油少々、酒大さじ3、味噌適量、七味唐辛子好み

■作り方

① 鱈の身、アラなどは熱湯で霜降りし、洗います。
② 鍋に水、昆布を入れ、沸騰したら酒、鱈を入れてアク取りして煮ます。
③ ねぎは小口切りにして、水にさらします。
④ 鱈に火が通れば味噌で味を調え、醤油を香りに落として椀に注ぎ、ねぎをのせ、七味唐辛子を好みで振ります。

いり酒でいただく

鱈の子つけ

真子はあまり強く絞らず、少ししっとりしている方がおいしく仕上がります。

■材料（4人分）

A 鱈（刺身用上身）100g、真子25g B だいこん・大葉・わさび・人参各適量 C〈いり酒〉醤油1/2カップ、酒1/4カップ、梅干し

■作り方

① 鱈（上身）は薄塩をして1～2時間しめてそぎ切りにします。
② 真子をゆでながら皮から子をはずし、布巾に包んで熱いうちに水分を絞り、身をほぐし冷まして①にまぶします。
③ いり酒は鍋に梅干し、酒を入れて煮、醤油と合わせ、冷ましておきます。
④ だいこんのけん、大葉、わさびなどを添えて盛り、いり酒を添えます。

真子のうま味を高野豆腐へ移す

鱈真子と高野豆腐の煮物

やや甘みをきかせて薄味に仕上げる。

■**材料（4人分）**

A 鱈真子1腹、生姜10g　B 高野豆腐2枚、菜の花1把

C だし汁$2\frac{1}{2}$カップ、塩小さじ$\frac{1}{2}$、薄口醤油・みりん各大さじ2、砂糖適量

■**作り方**

❶真子は縦に半分に切り、一口大に切ります。

❷高野豆腐は戻して6つに切ります。

❸菜の花は塩を入れた湯でゆで、水にさらして水切りし、だし醤油で下味を付けておきます。

❹鍋にCのだし汁、調味料を入れて火にかけ、沸騰したら①を入れ、アクを取り、生姜の千切りを入れ約10～15分煮て、いったん取り出しておきます。

❺煮汁の中に②を入れ、②がかぶる程度のだし汁に、塩、砂糖などで味を調えゆっくり煮含めます。

❻器に盛り③の菜の花を添えます。

香ばしいにおいもごちそう

鱈の醤油つけ焼き

たれにつけ込んで焼けば味もしっかりしみ、おいしくいただけます。

■**材料（4人分）**

A 鱈ぶつ切り4切れ　B 濃口醤油大さじ3、酒少々

■**作り方**

❶鱈をBの調味料に1～2晩浸けておきます。

❷グリルまたはオーブンで焼きます（焦げやすいので途中アルミ箔をかぶせて焼き上げます）。

白にこだわりました
鱈白子のグラタン

雪のように白い白子、豆腐、生クリームと白い食材で、濃厚な味わいとなめらかな食感を楽しみます。

■材料（4人分）
A 鱈白子1腹、豆腐1/2丁 Bマヨネーズ1/2カップ、生クリーム2/3カップ、卵黄1個、塩・コショウ各少々、チーズ適量 C薄口醤油少々、万能葱、粉チーズ、オリーブオイル適量

■作り方
❶白子は塩水で洗い、水気を切って酒と薄口醤油で下味をつけます。
❷豆腐は水切りして塩を加えた湯でさっとゆでておきます。
❸Bをとき合わせておきます。
❹グラタン皿にオリーブオイルをぬり、豆腐をしき白子をのせ③を流し入れ、チーズをかけ200℃のオーブンで10～12分焼きます。
❺万能ねぎの小口切りを散らし、いただきます。

年配の方もよろこぶなつかしの味

やわらかい昆布はお袋の味

たけのこと昆布の煮物

歯ざわりがいいたけのこもおいしいですが、とろりと煮込まれた昆布に懐かしいお袋の味を思い出す方も多いでしょう。

■材料（4人分）

A ゆでたけのこ200～250g、昆布（煮物用）1 1/2本、木の芽 B 昆布の漬け汁または水2カップ、薄口醤油大さじ3～4、酒1/3カップ、みりん大さじ1

■作り方

❶昆布は水で洗って水につけて戻し、適宜に切るか結び、ゆでたけのこは半月に切ります（新鮮なものは生のままで使用）。
❷鍋に昆布とたけのこを入れ、かぶる位の昆布のつけ汁を入れ火にかけます。
❸②が煮立ってきたらアク取りし火を弱めて酒を入れ、30～40分弱火でゆっくり煮含め、薄口醤油、みりんを順に入れてさらに煮含め味をなじませます。

たけのこのゆで方

❶たけのこは洗って皮は3～4枚むき、根元の根の部分は皮をむくように削ります。
❷皮をつけたまま、頭から1/3位のところで斜めに切り落とします（太いときは3～4面切り落とします）。
❸身を傷つけないように切り口から身に向かって縦の切り目を入れます。
❹濃い目の米のとぎ汁、または米ぬかを入れた水に③を入れて50分～1時間位竹串が突き通るまでゆでます（大きさ、鮮度により時間は変わります）。
❺柔らかくなったら火を消してそのまま冷まします。やや冷めたらぬかを洗い、皮をむいて水につけて冷蔵庫で保存します。

なぜかおいしい

なすそうめん

夏の食材であるなすとそうめんだけで作る手軽な料理です。だしをなすとそうめんの両方にたっぷり含ませるのがこつです。

■材料（4人分）

Aなす4個、そうめん2束　Bだし汁$1\frac{1}{2}$カップ、薄口醤油大さじ$2\frac{1}{2}$～3、みりん大さじ$\frac{2}{3}$～1、酒大さじ2　Cだし汁1カップ強

■作り方

①なすはヘタを取り皮目に切り込みを入れ薄い塩水に浸けてアク抜きしておきます。
②そうめんは固めにゆでて洗い、水きりしておきます。
③だし汁を熱してやや濃い目の味で調味しなすを煮ます。なすが柔らかくなればCのだし汁を適宜加えて味を調え、そうめんを加え一煮立ちすれば火を止め味をなじませます。
※そうめんをゆでずに加える場合は、そうめんから塩分が出ますので、だし汁を充分加えて味を調えます。

唐辛子の辛みが絶妙

なすのオランダ煮

なす好きにはこたえられない味といっていいでしょう。これがおかずならどんどんごはんが進む方も多いはず。

■材料（4人分）

Aなす8個、赤唐辛子少々　Bだし汁$1\frac{1}{2}$カップ、薄口醤油大さじ$2\frac{1}{2}$～3、料理酒大さじ1、砂糖大さじ1～$\frac{2}{3}$、塩小さじ$\frac{1}{3}$　Cごま油適量

■作り方

①なすはヘタを取り、十文字に切り込みを入れ水につけてアク抜きをし、沸騰した湯に入れてゆで、ゆで汁をこぼし水に取ります。
②Bの調味料を煮立て、①、小口切りの赤唐辛子を入れ煮含め器に盛ります。
※好みでごま油を落とします。

北前船で運ばれた食材生かす

じゃがいもと にしんの煮物

昆布とともに北海道などからたくさん移入されたのがにしんです。にしんを使う料理としてはだいこんずしがありますが、ともに北前船文化を伝える料理です。

■材料（4人分）

A半生にしん2本、サラダ油少々、水または番茶$1\frac{1}{2}$～2カップ　B水$\frac{1}{3}$～$\frac{1}{2}$カップ、酒大さじ3、砂糖大さじ$1\frac{1}{2}$～2、醤油・みりん各大さじ1（じろ飴大さじ2）　Cじゃがいも2～3個、だし汁$1\frac{1}{2}$～2カップ、砂糖大さじ1、醤油大さじ1～$1\frac{1}{2}$　Dつるまめ12本または砂糖えんどう

■作り方

①じゃがいもは皮をむき適宜に切ります。にしんはうろこ、ひれ、うす腹を取って洗い適宜に切ります。

②フライパンに油を熱し①のにしんの表面を焼き水または番茶を入れ煮立ったら煮汁を捨てます。

③②にBの水、酒、砂糖を入れ弱火で煮、醤油を入れさらに煮詰めます。仕上げに味をみて飴、みりん（じろ飴）を入れて好みの味にして照りを出します。

④①のじゃがいもは水、砂糖を入れて4～5分煮て③の煮汁を少々いれ、味を調え煮含めます。

⑤つるまめは筋を取ってゆで、④の煮汁でサッと煮て味を含めます。

⑥③④⑤を盛り合せます。

大量に甘えびが獲れた時代に

甘えびの具足煮

今日では高級感のある甘えびもかつては大量に獲れて食卓を賑わせました。冷凍技術の乏しかった頃、ごっそり買った甘えびは殻付きのまま煮る具足煮で食べられました。

■材料（4人分）

A甘えび20尾、水適量、酒大さじ4、みりん大さじ1、薄口醤油大さじ3、だし昆布10㎝角1枚

■作り方

❶昆布を敷いた鍋に、ひたひたに浸かる程の水、酒、みりん、醤油を入れて煮立てたところへ足、ひげを切った甘えびを入れて、サッと煮て味を含ませます。

小豆と合わせる煮物

かぼちゃのいとこ煮

かぼちゃと小豆を合わせて煮ます。ほかに、さといもやれんこんなど家により様々な野菜のいとこ煮がつくられます。

■材料（4人分）

Aかぼちゃ350g、小豆1カップ、水適量

B砂糖大さじ2〜5、薄口醤油小さじ2、塩小さじ1

■作り方

❶小豆はゆでておきます。

❷かぼちゃは3cm角くらいに切り、面取りしておきます。

❸鍋の中にかぼちゃと砂糖を加えて柔らかくなるまで煮、①と塩を入れて弱火で煮含め、醤油を落として仕上げます。

小豆のゆで方

小豆は水に浸けて2時間から一晩おき、浸け汁を捨てて新しく水を加えて火にかけ、沸騰して3分位煮、ゆで汁を捨てます（ゆでこぼし）。再び水を加えて柔らかくなるまで煮ます。

親鸞聖人の好物

「いとこ煮」や「いとこ汁」というおもしろい名前の料理は、能登から加賀まで多種多様にあります。なぜ「いとこ」なのかはよく分かりませんが、能登で豆腐と小豆でつくるいとこ汁があります。大豆と小豆を兄弟に見立てれば、豆腐と小豆は従兄弟の関係になぞらえることができるので、これが「いとこ」の語源かもしれません。　親鸞聖人の好物であった小豆を炊き、それを別の素材と組み合わせる料理は、報恩講に欠かせない一品です。豆腐のほかにかぼちゃ、ずいき、里いもなど近くの畑でとれた野菜を使ういとこ煮は、真宗王国が根付くこの土地らしいじわもんです。

じわもん料理の心

漬け込んでから煮る

てんばおくもじ

「てんば」というのは「てんば菜」のことで、からし菜やふきたちの塩漬けです。

■材料(4人分)

Aからし菜1把、糠・塩各適量　B水3カップ、煮干12尾、醤油・酒各大さじ3〜4、赤唐辛子2〜3本、旨味調味料少々

■作り方

❶からし菜は塩もみし、糠と塩で漬け込みます。
❷①のからし菜を水にさらして塩抜きします。
❸②を一度ゆでこぼしして食べやすく切ります。
❹鍋に頭とワタを取ったBの煮干、水を入れ火にかけ、沸騰したら③、種を取った唐辛子、酒、醤油を入れて煮ます。
❺煮上がったら煮汁のまま冷まして味をなじませ器に盛ります。

手間の掛け具合がぜいたくを極める

たくあんの大名煮

たくあん漬けのちょっと酸っぱくなりかけのものが味わい深い仕上がります。手間暇かけて漬け込んだたくあんをさらに調理するので大名煮と名付けられました。

■材料(4人分)

Aたくあん1本、赤唐辛子1/2〜1本　B煮干10g、酒大さじ1 1/2、醤油大さじ2〜2 1/2、砂糖少々

■作り方

❶たくあんは洗ってうす切りにし、一晩水にさらします。さらに、深鍋に入れて塩を加えた水の中からゆで、ゆで汁を捨てて新しい水を加え、細い流し水でさらしながら塩抜きします(塩が完全に抜け切ってしまわない程度)。
❷鍋に①を入れて浸るほどの水、頭とワタを取った煮干をガーゼに包んで入れます。
❸煮立てば弱火にし、酒を入れて15〜20分煮、醤油、赤唐辛子を入れて煮含めます。
❹柔らかく仕上げたい場合は、途中で差し水をして煮含めます。仕上げ際に醤油少々を入れ風味よく煮上げます。

新年を家族で祝う おせち料理

福徳・福梅・まゆ玉

元日の朝はぴんと張り詰めたすがすがしい空気を感じ、気が引き締まります。家族で改まった気持ちで新年のあいさつをし、神棚、仏壇に拝礼することから新年が始まります。

次いで梅干し入りの福茶をいただくのですが、このときに食べる福梅は子どもならずとも待ち遠しいものです。梅鉢紋をかたどったパリッとした皮に包まれたあんの甘味が口でとろけると、いよいよ楽しいお正月の始まりです。大人も子どもも打ち出のこづちや米俵の形をした福徳を選びます。皮を割ると中から小さな土人形や狛犬、姫だるまなどかわいらしい玩具が飛び出し、家族みんなが、ほしかったものが当たってよろこんだり、期待がはずれてがっかりしたりします。その次は辻占。巾着包みをそっと開いて外皮を食べ、中からでてきた文句を読みあいし、うれしがったり、はずかしがったり。

一年の始まりにふさわしい笑いをさそう品々です。

家々の伝統を守って

年のはじめのためしとて……

いくら歳を重ねても、元日の朝を迎えると今でも歌いたくなる昔の唱歌。子どもながら平常の日とまったく違う緊張感があって、なにか空気がピーンと張り詰めていた一月一日の朝。

神様へのお参り、若水をくんで、梅干しをちょっと入れた福茶をいただいて、お雑煮を食べてお節料理に目を輝かす…。

こうした日本のしきたりが最近、簡素化される傾向がありますが、本格的でなくても、せめてその家なりの伝え方を守っていきたいと思います。またこのお節料理はお正月の三が日くらいは主婦たちの骨休めといった意味もこめられているとか…。

各地のお節料理の一つひとつにはそれぞれに意味がこめられているようですが、金澤のお節料理にはこの土地の産物がぎっしり詰められています。お頭つきの鯛の代わりに金澤周辺の潟でとれるふなを使った「寒ぶなの煮びたし」やだいこん、にんじんに塩ぶりを刻み込んだ「紅白ぶりなます」などなど、その家々の特徴があるのも楽しいお節料理なのです。

じわもん料理の心

角餅と丸餅

金澤のお雑煮は旧市内を中心に角餅が多く見られ、近郊から加賀、能登一円の広い地域では丸餅です。丸餅は本来、神を表す太陽と月をかたどった鏡餅として供えられたもので、稲作農耕文化と深く関わります。全国的な分布では、西日本で丸餅が主流で、東日本は角餅です。

金澤に角餅が根付いたのは、加賀藩三代藩主前田利常公の正室になった珠姫様が徳川家からお輿入れしたことが発端で、角餅のお雑煮は、数百人にのぼったといわれる珠姫様の付き人たちから、金澤城内に広まり、次に家臣たちの家々に伝わり、さらにお城や武家の屋敷に出入りしていた商人や職人がそれにならったと言われています。わが家の味を大切にしてほしいお雑煮ですが、そんな歴史を思いながらいただくのも楽しいことでしょう。

じわもん料理の心

せり、かつお節を添える

金澤雑煮

■**材料（4人分）**

A角餅4個、昆布適量 Bだし汁4カップ、塩小さじ1/4、薄口醤油大さじ1 Cかつお節適量、せり7～8本

■**作り方**

❶鍋に昆布と水を入れて戻し、火にかけ餅を煮て椀に取ります。

❷だし汁は醤油で味をつけ①に注ぎ、さっとゆでて3～4cmに切りそろえたせりを添え、かつお節を天盛りにします。

一の重

縁起物が顔そろえる

先祖が武家であった家、代々の商家や職人の家などには、それぞれの伝統があり、お節も代々受け継がれてきた品が中心になります。先祖が食べたのと同じものをお正月にいただいて、感謝の気持ちを新たにするのでしょう。

また、年の初めに武運長久、商売繁盛、家内安泰といった願いも神仏やご先祖にお祈りします。ですからお節には縁起物が顔をそろえます。

一の重は、目に鮮やかな「紅白のかまぼこ」に「紅白なます」、黄金色のものに「数の子」「栗とさつまいもの金団」そして、おめでたい日に欠かせない「えびす（べろべろ）」があります。そのほか、家の安泰を願って「酢ごぼう」、豊作や子宝を願う「五万米《ごまめ》」、まめまめしく働けるようにと「黒豆」、健康と長寿を願う「有頭えび甘酢煮」などを盛り付けました。

家の安泰を願って

酢ごぼう

■**材料（5人分）**

Aごぼう小2本　B砂糖大さじ1、酢大さじ1 1/2、薄口醤油少々、塩小さじ1/3、鷹の爪少々　C白ごま大さじ1 1/2

■**作り方**

❶ごぼうは適当な長さに切って酢を入れた湯でゆでてザルに上げます。

❷①のごぼうを布巾に包んですりこぎなどで軽く叩いて食べやすく切ります。

❸Bの調味料を鍋に入れて②を加えて火にかけ、炒り煮します。

❹すり鉢でごまをすり、③にまぶします。

先を見通せるように

酢れんこん

■**材料（5人分）**

Aれんこん1/2本、酢少々　B酢大さじ3、砂糖大さじ1 1/2、塩小さじ1、水1/2カップ、鷹の爪少々、柚子少々

■**作り方**

❶れんこんは皮をむいて穴に合わせて花形に切り、7～8mm厚さに切って酢を入れた湯でゆでます。

❷Bの水、調味料を鍋に入れて①を煮、小口切りにした鷹の爪、千切りにした柚子の表皮を入れて漬け込みます。

子孫繁栄を願う縁起物

数の子

■**材料（5人分）**

A数の子5本　B鰹だし1カップ、塩少々、薄口醤油大さじ1、みりん大さじ1～2

■**作り方**

❶数の子は1～2日薄い塩水に漬けて塩抜きし、表面の薄い膜を取り除きます。

❷Bのだし汁、調味料をいったん煮立て、冷ましてから①を一晩漬け込み、味を含めます。

田作りともいう豊作を願う料理

五万米

■材料（5人分）

A海干し30尾

B砂糖・じろ飴・醤油・酒・水各大さじ1

Cけしの実少々

■作り方

❶海干しをフライパンに入れ弱火にかけ、香ばしく空炒りします。

❷①の海干しを取り出してフライパンを拭き、Bの調味料を入れて火にかけ、海干しを戻して煮絡め、けしの実をふります。

黄金色に豊かな暮らしを願う

栗とさつまいもの金団

■材料（5人分）

Aりんご1/4個、砂糖大さじ3～4、レモン汁少々、栗甘露煮少々　Bさつまいも150g、砂糖大さじ2

■作り方

❶りんごは皮をむき、芯を取り、イチョウ切りにして砂糖、レモン汁で煮ます。

❷さつまいもは厚めに皮をむき、水にしばらくさらして、ゆでて裏ごしし、火にかけて練り上げ、①、栗の甘露煮を混ぜ合わせます。

まめまめしく働けるように

黒豆

■材料

A丹波産黒豆200g　B水5カップ、砂糖200g、塩小さじ2/3、醤油大さじ3

■作り方

❶Bの水、調味料を鍋に入れ火にかけ、沸騰したら火からおろして洗った黒豆を入れ一晩漬け込んでおきます。

❷①を火にかけ、アクを取りながら煮立て、落し蓋とかぶせ蓋をして柔らかくなるまで弱火で煮、そのまま冷まします。

※（豆が煮汁から浮くとシワが出来るので、煮汁が少なくなればお湯を足します。）

紅白彩りあざやかに

紅白なます

■材料（5人分）

Aだいこん100g、人参1/8本　Bだし汁大さじ2、酢大さじ2、砂糖大さじ1、塩小さじ2/3、鷹の爪少々

■作り方

❶だいこん、人参は千六本切りにして塩を振りしんなりさせ、水気を固く絞ります。

❷①にBの調味料を入れて味を調え、小口切りにした鷹の爪と混ぜ合わせます。

金澤のおせちにはかかせない一品

えびす（べろべろ）

■材料（5人分）

A卵1個　B水2 1/2カップ、粉寒天4g、砂糖大さじ2、醤油大さじ1 1/2、塩少々、生姜少々

■作り方

❶分量の水と粉寒天を鍋に入れ火にかけ、沸騰したら弱火にしてしばらく煮、砂糖、醤油、極細く千切りにした生姜を入れます。

❷①に卵を少しずつ流し入れて、鍋ごとあら熱を取る。ある程度冷ましてから型に流して冷やし固め人数分に切り分けます。

腰が曲がるまで健康で長生きを

寿えび甘酢煮

■材料（5人分）

A有頭えび5尾　B水1/2カップ、酢1/2カップ、みりん大さじ3、砂糖大さじ2、塩小さじ1 1/2

■作り方

❶えびは背ワタを取り、竹串を刺して姿を整え、ゆでておきます。

❷Bの水、調味料を鍋に入れ火にかけ、①を煮、煮汁のままバットに移して漬けておきます。

二の重

さまざまな海の幸を盛る

伝来の懐かしい味の一つに「棒だら旨煮」を挙げる方も多いと思います。お正月、所によってはお盆にも作られます。棒だらは真だらを乾燥したもので、北海道などで生のままでは日持ちが悪いたらを、干だらにして保存食として流通させたのです。

棒だらも昆布や身欠にしんなどと同じく北前船で北陸に運ばれてきました。まさしく棒のように身が硬い棒だらは、料理する数日前から米のとぎ汁に浸けて戻さなければなりません。煮物にすると少しもぞもぞする歯ざわりと独特の風味があり、お正月料理を代表する料理の一つといえるでしょう。

そのほか「酢蛸」、出世魚である鰤を使った「鰤の柚庵焼き」。また、お節に欠かせない昆布じめには鰆《さわら》を使い、魚以外に鶏肉の料理を加えました。

手間ひまかけた料理も今は手軽に

棒だら旨煮

■材料（5人分）

A棒だら300g、番茶適量　B昆布だし3カップ、酒1/2カップ、砂糖1/2カップ、醤油1/2カップ

■作り方

❶棒だらは米のとぎ汁に漬けて一日戻し、後水を変えながら3～4日戻して一口サイズに切り（戻したものが売っています）、番茶でさっと煮て臭みを取ります。

❷①を鍋に並べてだし汁、酒を入れて柔らかく煮、砂糖を入れてさらに煮、醤油を入れて煮含めます。

好みの味に漬け直す

酢蛸

ハーブでおせちをアレンジ

鶏の香草風味焼き

■材料（5人分）

A鶏もも肉1枚、塩適量、ホワイトペッパー少々、タイム・ローズマリー・バジル・ディールなどの好みのハーブ、オリーブ油大さじ2、白ワイン大さじ3

■作り方

❶鶏肉の余分な脂を取り、塩、ホワイトペッパー、ハーブをすり込み、白ワイン、オリーブ油を混ぜ合わせて一晩おきます。

❷ハーブを除いて180～200℃のオーブンで焼きます。

春の魚「鰆」で初春を寿ぐ

鰆昆布じめ

■材料（5人分）

A鰆300g、塩少々、酢適量　B広板昆布15×40cm1枚

■作り方

❶鰆はそぎ造りにします。

❷昆布の両面を酢で拭き、片面に塩を振り、鰆を並べ、上からも塩を振ります。手前から巻き、ラップで包み、「巻きす」で巻き、両端を輪ゴムで止めて1～2日締めます。

金澤では出世魚は鰤

鰤の柚《ゆう》庵《あん》焼き

■材料（5人分）

A鰤5切れ　B醤油・酒各大さじ3、砂糖・みりん各大さじ1 1/2　C柚子少々

■作り方

❶鰤は骨の無い切り身にしてバットに並べ、柚子のスライスを散らします。

❷Bの調味料を混ぜ合わせて①に入れ一晩漬け込みます。

❸グリルやオーブンで焼きます。

三の重

「芽が出る」くわいを入れて

お煮しめを中心にしたお重です。彩りを豊かにするために、黄色が鮮やかな「くわい黄金煮」、赤い梅の形の「梅人参」、そして絹さやを盛り込んでいます。「いもの子白煮」の白も全体を引き立てます。

くわいは認定されている加賀野菜の一つで、「芽が出る」縁起がいい食べ物として、また、年の始めに苦いものを食べると健康に良いとされたこともあって、お正月料理には欠かせないものとなっています。

また、あわびも縁起物です。戦国武士たちが出陣にあたって「打ちあわび・搗ち栗・昆布」を飾ったといわれ、これは敵に「打ち、勝ち、喜ぶ」ことを祈願したものです。しかも、お重がぐっと豪華になります。

お煮しめの味付けには家々の違いがよくでます。年始のごあいさつにうかがってその家のお煮しめを味わうのも、お正月の楽しみの一つでしょう。

華やかさをプラスして

あわび柔らか煮

■材料（5人分）

Aあわび（小）5個　B水3カップ、酒1/2カップ、醤油大さじ4、みりん大さじ1、だいこん適量、赤唐辛子少々

■作り方

①あわびはたわしできれいに洗います。

②鍋に水、酒、だいこん、赤唐辛子を入れて火にかけ、沸騰したらあわびを入れて弱火で柔らかくなるまで煮ます。

③②にみりん、醤油を入れて煮含めます。

今年もよい芽が出るように

くわい黄金煮、梅人参、絹さや

■材料

Aくわい5個、人参5cm長さ、絹さや10枚　Bだし汁2カップ、砂糖大さじ3、塩小さじ1/2、薄口醤油少々、くちなし

■作り方（5人分）

①くわいは皮をむき、人参は梅型に抜き1cm厚さに切り、絹さやは塩を入れた湯でゆでます。

②鍋にBのだし汁、調味料を入れて火にかけ、沸騰したら約半分ずつに分けて一つにはくちなしを入れてくわいを煮、もう一つで人参を煮て途中煮汁を少し絹さやに振りかけておきます。

ぬめりをとって味しみやすく

いもの子白煮

■材料（5人分）

Aいもの子5個　Bだし汁2カップ、塩小さじ1、みりん大さじ2、砂糖少々

■作り方

①いもの子は皮をむき、酢を入れた湯でゆでて水に取り、塩でぬめりを取ります。

②Bのだし汁、調味料を入れて火にかけ、沸騰したら①を入れて静かに煮含めます。

お家庭の味がでるお料理

お煮しめ

■材料（5人分）

Aれんこん小1節、干椎茸10枚、こんにゃく1枚、ぜんまい水煮・干瓢各適量

Bだし汁3カップ、薄口醤油大さじ3、砂糖大さじ2～3

■作り方

①れんこんは皮をむいて1cm厚さに切り、こんにゃくは塩みがきしてすりこぎで叩き、7～8mm厚さに切って中央に切り込みを入れてひねり、手綱にし湯通し、ぜんまいは揃えて戻した干瓢で結んでおきます。

②鍋にBのだし汁、調味料を入れて火にかけ、①をゆっくりと煮含めます。

天然ぶり
かぶら鮨

冬、金沢の人たちが必ず話題にするのが「かぶら鮨」です。白かぶらに天然鰤の塩漬けをはさみ、甘酒に漬け込みます。藩政時代より受け継がれてきたかぶら鮨を、今も昔のままの手順を踏んで、一切れ一切れ心を込めて漬け込まれています。

期間限定(12月〜2月末)

価　格(消費税別、送料別)	
簡易箱詰(2ケ入り)	3,600円
化粧木箱詰(2ケ入り)	4,000円
化粧木樽詰(3ケ入り)	5,500円
化粧木樽詰(5ケ入り)	8,000円

金澤の味
お取り寄せできる品々

青木悦子のこだわりの味を、青木クッキングスクール直営の郷土料理のお店**「四季のテーブル」**がお届けします。

●お問い合わせ・ご注文は

青木悦子の店　四季のテーブル
〒920-0865　金沢市長町1丁目1-17
TEL076(265)6155 FAX076(231)2500
http://aokicooking.com

※表示の価格はすべて2016年1月現在のものです。

じぶ煮

金沢の郷土料理を代表するじぶ煮も、やはり藩政のころから伝わってきた珠玉の一品です。加賀藩の兵糧奉行だった岡部治部右衛門が朝鮮半島から伝えたという説や、キリシタン大名の高山右近が宣教師から伝授されたとする説があります。材料は鴨が主役ですが、鶏を用いることもあります。脇役には加賀独自のすだれ麩やきのこ、青みが添えられています。

冷凍

価　格(消費税別、送料別)	
鴨じぶ(1人前)×3パック 木箱詰	4,500円
鶏じぶ(1人前)×3パック 木箱詰	3,500円
鴨じぶ・鶏じぶ・ほろ酔い鶏セット(各1パック)木箱詰	3,800円

だいこん鮨

日本海を往来した北前船が北の国から積んできた鰊と地元の大根を組み合わせて、甘酒で漬け込んだものです。人々の知恵から生まれた絶品の冬の味です。かぶら鮨同様、無添加に仕上げられています。

冷蔵

期間限定(12月〜2月末)

価　格(消費税別、送料別)	
簡 易 箱 詰(3本入り)	3,400円
化粧木箱詰(3本入り)	3,900円
化粧木樽詰(5本入り)	5,500円

金時草ちらし寿司の素

加賀野菜の「金時草」にはポリフェノールやギャバ、鉄分が多く、まぜるだけですみれ色のおしゃれなお寿司が簡単に作れます。(1袋3合分)

※写真のトッピングは含みません

価　格(消費税別、送料別)	
寿司の素(130g)5袋 簡易箱詰 ………	2,400円

かも燻製・天然ぶり燻製

桜チップを使い、独自の手法により無添加で仕上げました。ワインなど酒の肴として最適です。

冷凍

価　格(消費税別、送料別)	
かも燻製・天然ぶり燻製セット …………	2,300円
天然ぶりスライス(100g)×2袋 簡易箱詰	2,300円
合鴨スライス(110g)×2袋 簡易箱詰……	2,300円

ほろ酔い鶏

能登地鶏と甘酒と味噌を合わせハーブ風味で漬け込み、糀の力で肉質が柔らかく焼き上げられいます。

冷凍

価　格(消費税別、送料別)	
ほろ酔い鶏(180g)×3パック 簡易パック詰	3,500円

美容と健康をサポート

金澤の味 金時草酢味つゆ ストレート

加賀野菜「金時草」から生まれたつゆです。酸味つゆの鮮やかな美しい色、そしてさわやかな味。美容と健康、食欲増進とさまざまな酢の効用も魅力です。金時草には抗酸化作用があり、がん、糖尿病、高血圧の予防に効果があるといわれます。

元気パワー

加賀の味 ごまつゆ ストレート

胡麻、松の実、落花生。どの字を見ても力がわいてきます。この三つの材料をブレンドして、特にごま味をベースにしたのが、この「ごまつゆ」です。ごまは老化や動脈硬化、高血圧や貧血などの予防にも効果があるといわれています。

コクがちがう!

能登の味 あごつゆ ストレート

能登の海を美しい姿で泳ぐ飛び魚を、地元では「あご」と呼んでいます。これを出し汁にするとまさに「うまい!」という味が出ます。さらに北海道日高産昆布と鰹節を使い、そこへ能登の魚醤「いしる」をしのばせ、金沢大野でつくられる香りとコクのある醤油を用い風味満点の「あごつゆ」です。

価　格(消費税別、送料別)	
元気麺つゆ 300㎖入り3本セット、化粧箱詰め	2,300円
元気麺つゆ 大門そうめんセット ………	4,300円

大門そうめん 375g2袋、元気麺つゆ300㎖ 4本セット 化粧箱詰め

百実の味 くるみ味噌・ごまだれ

くるみ味噌には白山麓の和くるみを使用。熟成した白味噌をねり上げて、甘味噌に白山くるみを加え、香ばしく仕上げた甘口と赤味噌に白味噌をブレンドし、アクセントに赤唐辛子や和くるみを加え風味豊かに仕上げた辛口の2種類です。ご飯の友、豆腐、茄子、魚の田楽に。
特製ごまだれは蒸し野菜、焼肉、焼き魚に。
健康思いのセットです。

価　格(消費税別、送料別)

百実の味セット ………………………………… 2,500円
ごまだれ(200g)
くるみ味噌 辛口(140g)
くるみ味噌 甘口(140g)各1瓶　化粧箱詰

ベイクド&レア チーズケーキ

金の微笑(ベイクド)
●梅又は柚子はちみつ漬け入り
(木製曲輪入250g 1個)

銀の微笑(レア)
●大吟醸酒粕入り
(木製曲輪入250g 1個)

価　格(消費税別、送料別)

ベイクド&レアチーズケーキセット 簡易包装 3,300円

加賀野菜 金澤ケーキ

●加賀蓮根と黒豆
●赤皮甘栗かぼちゃと杏
●抹茶と木の実
五郎島金時芋入り
●金時草とはちみつ漬梅

(200g)各1本
化粧箱詰

価　格(消費税別、送料別)

3本セット ………………………………… 3,200円
4本セット ………………………………… 4,300円

〈著　者〉

青木悦子（あおき・えつこ）

青木クッキングスクール校長、郷土料理の店・金澤料理「四季のテーブル」主宰。全国料理学校協会評議員、石川県食育推進委員会委員、北國新聞文化センター講師。家庭料理の質の向上を願い、早くから食育の必要を説くとともに、長年にわたり郷土料理の調査、研究に取り組む。1982 年第 3 回金沢市文化活動賞、2006 年第24回北國風雪賞受賞。著書に『金沢・加賀・能登　四季の郷土料理』（1982 年、主婦の友社刊）がある。

〈連絡先〉
青木クッキングスクール
〒920-0865
金沢市長町 1-1-17
TEL：076-231-2501　FAX：076-231-2500
Eメール：acs@aokicooking.com
ホームページ：http://www.aokicooking.com

〈スタッフ〉

編　著：青木悦子

料　理：青木悦子　加藤重和　得永昭子　谷 敬子

撮　影：橋隅紀夫

写真協力：北國新聞社

デザイン：バルデザイングループ

青木悦子の新じわもん王國
金澤料理

2007(平成19)年10月21日　第1版第1刷
2016(平成28)年 2月 1日　第1版第4刷

著者　青 木 悦 子

発行　北國新聞社
〒920−8588
石川県金沢市南町2−1
TEL 076−260−3587(出版局)
FAX 076−260−3423
電子メール syuppan@hokkoku.co.jp

レシピさくいん（50音順）